LÜBELN 6
Einer der Klassiker unter den Rundlingsdörfern im Wendland.

➤ S. 116, Der Osten

PIETZMOOR IN SCHNEVERDINGEN 7
Zu jeder Jahreszeit erlebst du hier bizarre Natur und seltene Tiere.
Tipp: Unbedingt das Totholz ablichten, das bizarr aus den dunklen Teichen ragt.

➤ S. 98, Der Westen

WELTVOGELPARK WALSRODE 8
Ein vogelreicher Tag zwischen Antarktis und Regenwald im größten Vogelzoo Europas.

➤ S. 87, Der Westen

KLOSTER WIENHAUSEN 9
Das Kloster in dem idyllischen Ort südöstlich von Celle ist ein Hort der Kunst.
Tipp: Kostbares Wimmelbuch – im Nonnenchor ist praktisch kein Zentimeter unbemalt.

➤ S. 74, Der Süden

SCHIFFSHEBEWERK SCHARNEBECK 10
Wo Schiffe Fahrstuhl fahren und der Blick weit ins Elbtal reicht.
Tipp: Bei einem Hebevorgang aus luftigen 38 m Höhe von der Barkasse auf Geest und Marsch runterknipsen.

➤ S. 54, Der Norden

INHALT

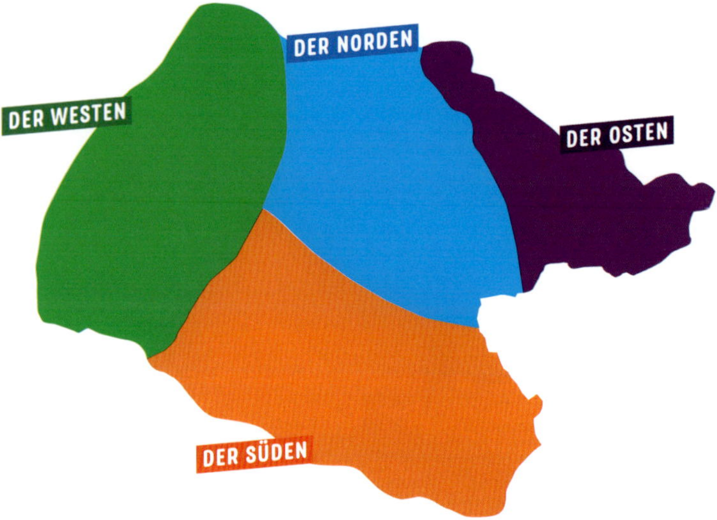

⏲	Besuch planen	🍴	Essen/Trinken
€-€€€	Preiskategorien	🛍	Shoppen
(*)	Kostenpflichtige Telefonnummer	🍸	Ausgehen

(🗺 A2) Herausnehmbare Faltkarte
(🗺 a2) Zusatzkarte auf der Faltkarte
(🗺 0) Außerhalb des Faltkartenausschnitts

BESSER PLANEN
MEHR ERLEBEN!

Digitale Extras
go.marcopolo.de/app/luh

MARCO POLO

DIGITALE EXTRAS

DIGITAL NOCH MEHR ERLEBEN

1. Website besuchen
2. Die digitale Welt von MARCO POLO entdecken
3. App runterladen und ab in den Urlaub

Alle Infos zum digitalen Angebot unter **marcopolo.de/app**

Vital
Urlaub in Bad Bevensen
Entspannen & Erfrischen im Grünen – Wohlfühlurlaub in der Lüneburger Heide
www.bad-bevensen.de
BAD BEVENSEN
Quelle des Wohlgefühls

DAS BESTE ZUERST

Im Spätsommer ein Traum in hellem Lila: der Totengrund bei Wilsede

BEST OF BEI REGEN

SCHÖN, AUCH WENN ES REGNET

DIE WELT ALS SCHEIBE

Im *Kloster Ebstorf* hängt eine Weltkarte, die auf 13 m^2 die Erde zeigt, wie sie sich die Menschen des 13. Jhs. vorstellten. Ihre Betrachtung nimmt mindestens zwei Regenschauer in Anspruch.

➤ S. 59, Der Norden

BRAUSEN OHNE WASSER

Brausen ohne nass zu werden kannst du im *Ralf-Schumacher-Kartcenter* des ehemaligen Formel-1-Rennfahrers. Schau vorher aber auf der Website nach, ob die Anlage an diesem Regentag auch frei ist!

➤ S. 94, Der Westen

KLATSCHNASS – ABER IN DER THERME

Warum draußen nass werden, wenn es drinnen in der *Jod-Sole-Therme* in Bad Bevensen doch viel angenehmer geht? Eine schöne Saunalandschaft lädt sogar zum Schwitzen bei Schietwetter ein und in den warmen Außenbecken kannst du einfach abtauchen.

➤ S. 57, Der Norden

DIE WELT STEHT KOPF

Kopfüber auf den Zimmerdecken der Wohnung sitzen, schlafen und hin und her gehen? Wie das wäre, kannst du im *Verrückten Haus* in Bispingen nachvollziehen, das nach seiner Fertigstellung gewendet wurde und jetzt auf dem Dachfirst ruht.

➤ S. 92, Der Westen

ZU GAST IM SCHLOSS

Ein verregneter Tag ist ideal, um sich die natur- wie sozialhistorisch interessante Ausstellung im *Gifhorner Schloss* (Foto) anzuschauen. Und auch die Schlosskapelle von 1547 ist etwas Besonderes: Sie wurde als erste im Land im Geist Martin Luthers gebaut und für protestantische Gottesdienste genutzt.

➤ S. 78, Der Süden

BEST OF LOW-BUDGET

FÜR DEN KLEINEN GELDBEUTEL

KOSTENLOSE HEIDERUNDFAHRT

Völlig kostenlos ist eine Busrundfahrt durchs Herz der Heide mit dem *Heide-Shuttle*. Vier Ringlinien rund um den Naturschutzpark werden von Mitte Juli bis Mitte Oktober sechs- bis achtmal täglich bedient – und sogar dein Rad fährt mit!

➤ S. 130, Gut zu wissen

HIER SUMMT'S!

Bienen sind stark bedroht. Umso schöner ist das *Institut für Bienenkunde Celle* mit seinem tollen Garten, in dem du ohne Eintritt zu zahlen den fleißigen Bienen zusehen kannst.

➤ S. 72, Der Süden

MUSEUMSERLEBNISSE BEI TAG UND NACHT

Ins *Bomann-Museum* in Celle ist der Eintritt an jedem letzten Samstag im Monat frei. Nebenan bietet das *Kunstmuseum Celle* zeitgenössische Kunst zum Nulltarif: Es ist so konzipiert, dass Licht- und andere Objekte außerhalb der Öffnungszeiten von draußen betrachtet zum Kunsterlebnis werden (Foto).

➤ S. 71, Der Süden

SPIRALWEG DURCH DIE ERDGESCHICHTE

Eine Zeitreise führt dich in der Clenzer Schweiz spiralförmig auf 270 m Länge in die Erdgeschichte zurück: 84 vom Eis aus Skandinavien in die Heide transportierte Steine liegen im *Findlingspark* bei Clenze. In Verbindung mit dem zugehörigen Infohaus quasi ein kostenloses geologisches Museum.

➤ S. 117, Der Osten

SPRECHENDE LATERNEN

In Celle tragen fünf Laternen zur Information der Besucher bei: Sie unterhalten sich über die Geschichte und aktuelle Ereignisse in der Stadt – originelle Version eines Audioguides.

➤ S. 72, Der Süden

BEST OF

MIT KINDERN

SPANNENDES FÜR GROSS & KLEIN

BADESPASS DRINNEN UND DRAUSSEN

Wasserratten haben die ganz große Auswahl, von Moorseen über Spaßbäder bis zum idyllischen Waldfreibad. Im *Südsee-Badeparadies* von Wietzendorf sorgen Riesenwellen und eine Wildwasserbahn für Abwechslung.

➤ S. 69, Der Süden

BARFUSS UNTERWEGS

Mit nackten Füßen stiefelst du auf knapp 3 km durch den *Barfußpark* in Egestorf. Kiesel, Kork, ja sogar Glasscherben unter den Fußsohlen sind echte Wellness für die Füße. Unterwegs gibts Tast- und Riechkästen und ein Baumtelefon – falls man mal telefonieren muss.

➤ S. 103, Der Westen

IM MAUL DES KROKODILS

Keine Angst, das Reptil ist nicht echt, sondern nur eins von diversen spaßigen Klettermonstern, -vulkanen und -gerüsten, auf denen sich kleine und große Kinder im Tobeland *Alcino* in Adendorf vergnügen können.

➤ S. 51, Der Norden

SPIELEN WIE ANNO DAZUMAL

Im liebevoll aufgemachten *Spielmuseum Soltau* gibt es nicht nur tolles, altes Spielzeug aus ganz Europa zu entdecken, sondern man kann auch gemeinsam an verschiedenen Stationen spielen.

➤ S. 97, Der Westen

AUG IN AUG MIT HIRSCH UND SCHNEELEOPARD

Auch wenn du schon in diesem und jenem Tierpark warst – der *Wildpark Lüneburger Heide* in Nindorf ist einfach ein Muss. Heimische und exotische Tiere in großzügigen Gehegen auf einem riesigen Gelände mitten in der waldreichen Natur – hier soll der Tag niemals enden.

➤ S. 95, Der Westen

BEST OF

TYPISCH

DAS ERLEBST DU NUR HIER

HEIDSCHNUCKEN BESUCHEN

Ohne Heidschnucken und ihre Schäfer gäbe es keine Heide. In Neuenkirchen kommst du ihnen beim Schnucken-eintrieb auf den *Schäferhof* ganz nahe und kannst die Schnuckenzucht durch Fleisch- und Wursteinkauf unterstützen.

➤ S. 100, Der Westen

TORTE & CO.

Vom Ambiente her um Jahrzehnte zurückversetzt, genießt du deinen Kaffee und typische Heidekuchen und -torten im *Dorfcafé Alte Schule* im Museumsdorf Hösseringen. Der angeschlossene Krämerladen in einem ehemaligen Klassenzimmer hat eine kleine Souvenirabteilung.

➤ S. 60, Der Norden

HEIDEKRAUT UND WACHOLDER

Ein Teppich aus Heidekraut, gesprenkelt mit Wacholderbüschen: Diese klassische Heidelandschaft erlebst du besonders charakteristisch im *Naturschutzpark* oder im *Schmarbecker Wacholderwald.*

➤ S. 100, Der Westen; S. 68, Der Süden

STIPPVISITE IM HEIDEKLOSTER

Das kulturelle Gesicht der Heide prägen die sechs historischen Lüneburger Klöster entscheidend mit, in denen heute evangelische Stiftsdamen leben und Kunstschätze von unermesslichem Wert verwalten. Besonders stimmungsvoll ist ein Besuch im *Kloster Lüne,* das sein mittelalterliches Aussehen bestens bewahrt hat (Foto).

➤ S. 49, Der Norden

OTTER BEOBACHTEN

Um bedrohte Tierarten kümmert man sich in der Heide an mehreren Orten. Fischotter und verschiedene Marderarten kann man besonders gut im *Otterzentrum Hankensbüttel* beobachten, wo sie jede Viertelstunde vor Publikum gefüttert werden.

➤ S. 80, Der Süden

SO TICKT DIE HEIDE

Mobile Rasenmähertruppe: eine Schnuckenherde im Einsatz

ENTDECKE DIE LÜNEBURGER HEIDE

Zu Fuß, auf dem Rad (hier im Wendland), mit dem Kanu: eine Region für Bewegungslustige

Am Wilseder Berg passt die Lüneburger Heide in jedes Klischee. Von dort oben blickst du auf weite, im August und September intensiv lila blühende Heideflächen, durchsetzt mit hellen Birken und dunkelgrünen Wacholdern, die in der Dämmerung wie Gespenstergruppen wirken. Bienen tragen den Heideblütennektar zu altertümlich anmutenden, hölzernen Bienenzäunen; gelegentlich markiert ein Reetdach einen Heidschnuckenstall.

UNTERWEGS IN DER NATUR

Doch dieses Zentrum des Naturschutzgebiets Lüneburger Heide ist nur ein kleiner Teil der weiten Urlaubsregion zwischen Aller und Elbe. Für Anziehungskraft der Heide gerade auch auf junge Urlauber sorgt ein breit gefächertes Angebot an Aktivitäten, bei dem ökologische Aspekte (fast) immer berücksichtigt werden.

8000 v. Chr. Am Ende der letzten Eiszeit hat die Heideregion ihre heutige Gestalt erhalten

6.–8. Jh. Der germanische Stamm der Sachsen besiedelt die Heide; im angrenzenden Wendland lassen sich slawische Wenden nieder

1267 Gründung des Fürstentums Lüneburg

1378 Celle wird Residenzstadt der Herzöge von Braunschweig-Lüneburg (Haus Lüneburg)

1705 Das Haus Lüneburg geht im Hannoveraner Zweig des Herzogtums auf

Zu Fuß, per Rad oder im Kanu entdeckst du Storchennester und Biber beim Burgenbau und Greifvögel bei der Jagd. Heide- und Walderlebniszentren wecken ebenso die Begeisterung für die Natur wie das Biosphaerium Bleckede im Unesco-Biosphärenreservat Elbtalaue. Auf nostalgische Reisen in die Vergangenheit entführen dich Museumseisenbahnen oder Stadtführungen mit dem Nachtwächter. Mit Geschwindigkeitsrausch locken der Heidepark bei Soltau mit seinen Achterbahnen oder die Skihalle bei Bispingen, die das ganze Jahr über zum Wintersport einlädt.

TIERISCH WAS LOS

Tieren begegnest du in der Heide nicht nur in freier Natur. Pferdesport und -zucht sind in Orten wie Celle, Verden und Luhmühlen bei Lüneburg von internationaler Bedeutung; etliche Bauernhöfe bieten Reiterurlaub für Klein und Groß an. Tierparks präsentieren ein breites Spektrum heimischer Fauna und wie der Weltvogelpark in Walsrode oder der Wildpark Lüneburger Heide auch exotische Begegnungen mit Schneeleoparden und Pinguinen, sibirischen Tigern und Kakadus. Falkner lassen Greifvögel aufsteigen und zwischen den Wölfen von Dörverden darfst du sogar in indianischen Tipis die Nacht verbringen.

TYPISCH HEIDE: BACKSTEINGOTIK, FACHWERK UND KLÖSTER

Das Gesicht vieler Dörfer wird noch immer von alten Höfen mit reetgedeckten Häusern und altem Baumbestand geprägt. In vielen von ihnen kannst du eine Ferienwohnung beziehen, Bioprodukte vom Bauern oder einem Hofladen in der

1866 Das Königreich Hannover wird von Preußen annektiert

1922 Gründung des Naturschutzgebiets Lüneburger Heide

1946 Gründung des Bundeslands Niedersachsen

2015 Die letzten britischen Truppen verlassen die Heideregion

2020 Gorleben wird von der Liste möglicher atomarer Endlager gestrichen

2022 Der Heidschnuckenweg wird zum „spannendsten Wanderweg Deutschlands" gekürt

Nähe beziehen und schon vor Ort am eigenen Herd Heiderezepte ausprobieren. Eine Besonderheit sind die eigenartigen Rundlingsdörfer im Wendland mit ihren stattlichen Fachwerkhöfen rund um den zentralen Dorfplatz mit alten Eichen. Die sechs jetzt von evangelischen Stiftsdamen bewohnten Heideklöster setzen eine über 700-jährige Tradition fort. Farbig bemalte und reich beschnitzte Fachwerkhäuser schmücken viele Städte. Am schönsten sind sie in Celle, während in Lüneburg die Werke der Backsteingotik faszinieren.

MOBIL AUCH OHNE AUTO

Ein Auto brauchst du für einen Urlaub in der Heide übrigens nicht unbedingt. Zumindest kannst du es des Öfteren stehen lassen. Im weiten Umkreis von Lüneburg, Wilseder Berg und Uelzen bringen dich im Sommer Busse kostenlos von Ort zu Ort, ermöglichen Punkt-zu-Punkt-Wanderungen auch durch das Naturschutzgebiet. Und überall in der Heide ist das Radwegenetz ausgezeichnet; mehrere bestens markierte Radfernwege führen durch die ganze Region.
Den schönsten Wald findest du nahe der Elbe in der Göhrde. Im Herbst kommen die Hamburger hierher, um Pilze zu sammeln; Jäger bringen viel schmackhaftes Wild aus den Wäldern auf die Speisekarten regionaler Esskultur. Misch- und Eichenwälder wie dieser bedeckten ursprünglich die ganze Region. Doch dann begannen Bauern im 9. Jh. damit, ihn für Ackerbau und Viehzucht zu roden. In der Umgebung von Lüneburg trug zudem die Brennholzgewinnung für die Siedepfannen der Salinen zu einem drastischen Rückgang der Waldgebiete bei. Auf den nährstoffarmen Böden breitete sich die Strauchheide aus; die Heidebauern wandten sich nun fast vollständig der Zucht von Heidschnucken zu. Diese Wildschafart ernährt sich von den jungen Trieben der Heidesträucher und verbeißt alle Baumtriebe, verhindert also eine natürliche Wiederverwaldung. Bis heute halten Schnucken die Heideblüten auch von Spinnweben frei und ermöglichen so eine intensive Bienenzucht.

WAS FÜR EINE HEIDE(N)-WIRTSCHAFT!

Diese typische Heidebauernwirtschaft dauerte bis ins 19. Jh. hinein, doch die Heideflächen selbst gingen bereits seit dem 18. Jh. wieder zurück: Das Bevölkerungswachstum machte neue Äcker notwendig, die Heidschnucken fanden in der Folge immer weniger Futter, Wollimporte verdrängten die drahtige Schnuckenwolle vom Markt. Die Heide schien als Landschaftsform dem Untergang geweiht. Inzwischen hatten jedoch Dichter und Maler die Schönheit der Heide entdeckt. Ihre romantische Propaganda stieß in den rasant gewachsenen Großstädten auf offene Augen und Ohren. Die noch verbliebene Heide wurde zum beliebten Ausflugsziel, der Wilseder Berg zur Keimzelle des heutigen Naturschutzgebiets. Sein Erfolg führte dazu, dass immer mehr neue Heideflächen angelegt wurden. Heute sind sie wieder zum wichtigen Wirtschaftsfaktor geworden, denn Heide will schließlich jeder Heideurlauber sehen.

AUF EINEN BLICK

9.000
Heidschnucken

Im 19. Jh. waren es noch 800.000

71

Heideblütenköniginnen wurden seit dem ersten Amelinghausener Heideblütenfest 1949 gekrönt

3.600
„Rote Rosen" in Lüneburg

Folgen der ARD-Herzschmerz-Serie bis Anfang 2023 seit der Erstausstrahlung 2006

1.070 km²
Fläche des Naturparks

Genau die doppelte Fläche des Bodensees

HÖCHSTER „BERG": WILSEDER BERG
169 m

Höchster Berg Niedersachsens: Wurmberg im Harz (971 m)

HEIDSCHNUCKENWEG
223 km
13 Etappen

STUDIERENDE AN DER LEUPHANA-UNI IN LÜNEBURG
9.833

1300 PFLANZENARTEN, 150 VOGELARTEN

Sind allein im Biosphärenreservat Niedersächsische Elbtalaue heimisch

234 km²

So groß ist das Herzstück der Region, das Naturschutzgebiet Lüneburger Heide

FAUSTREGEL FÜR DIE BLÜTEZEIT DER HEIDE
8.8. – 9.9.

DIE LÜNEBURGER HEIDE VERSTEHEN

KULTURELLE LANDPARTIE

Ursprünglich aus der Widerstandsbewegung gegen das Atommülllager in Gorleben entstanden, vereint das Open-Air-Fest im Wendland seit mehr als 30 Jahren immer von Himmelfahrt bis Pfingsten Kunst- und Kulturschaffende, begeisterte Besucher und mitunter etwas geschaffte Hofbesitzer in den Rundlingen. Diese öffnen bei über 500 Veranstaltungen an rund 80 Orten Haus und Hof für Kunsthandwerk, Theater, Musik, manchmal politisch angehaucht, manchmal nicht – eben typisch Wendland. Einfach mal hinfahren, am besten mit Wohnmobil, Zelt oder Quartier außerhalb, denn schon lange vor Beginn sind Unterkünfte nicht zu haben. Am schönsten ist es, mit dem Rad von Rundling zu Rundling zu fahren, überall mal reinzugucken und in mindestens jedem zweiten Rundling irgendetwas Leckeres zu essen. *kulturelle-landpartie.de*

HOLZ + LEHM + ORNAMENTE

Fachwerkbauten schmücken viele Orte in der Heide – allen voran die Fachwerk-Vorzeigestadt Celle mit ihren rund 500 sorgsam restaurierten Fachwerkbauten, einer schöner als der andere. Auch viele Heidekirchen sind im Fachwerkstil erbaut. Als ökologisch sinnvolle Bauweise aus Naturmaterialien wie Stroh, Lehm und Holz ist sie aktueller denn je. Schön anzuschauen sind nicht nur die reichen Verzierungen wie Schnitzwerk, farbenfroh bemalte Gefache – die Zwischenräume zwischen den Holzbalken – oder schöne Giebelformen, an den Inschriften auf den Holzbalken kannst du zudem auch erkennen, welche Themen ihre Eigentümer beschäftigten. Die meisten, jahrhundertealt, zeugen von Frömmigkeit und Gottvertrauen; eine der aktuellsten Inschriften, von 1992, ist weltlicher Natur. Sie findet sich in der Lüneburger Altstadt: „Herr, schütze mich und die hier hausen vor Planern und Kulturbanausen." Chapeau!

DER MIT DEM WOLF NERVT

Es ist so eine Sache mit den Wölfen. Ihre Population in Deutschland nimmt zu, auch in der Lüneburger Heide. Ein natürlicher Vorgang eigentlich. Scheu sind sie auch – jedenfalls sind es eher Waschbären, Füchse und Wildschweine, die öfter mal in Wohngegenden gesichtet werden. Nur werden immer wieder Schafe gerissen, was deren Halter auf die Barrikaden treibt. Immer wieder gibt es Versammlungen besorgter und zorniger Bürger, zu denen die niedersachsenweit tätigen Wolfsberater eingeladen werden. Im Niedersächsischen Landesbetrieb für Wasserwirtschaft, Küsten- und Naturschutz gibt es sogar ein Wolfsbüro. Bei den Versammlungen müssen sich die Wolfsberater warm anziehen – Eltern wollen ihre Kinder nicht mehr Wege am Waldrand gehen lassen. Hundebesitzer fragen, ob sie ihre Vierbeiner noch frei laufen lassen können. Halter von Schafen fordern besseren Schutz. Tatsache ist, dass noch kein Hund und schon gar nicht ein Mensch durch einen Wolf zu Schaden gekommen ist. Solltest du auf einen Wolf treffen, so lautet die amtliche Empfehlung: Ruhig verhalten, langsam zurückziehen, junge, neugierige Wölfe darfst du auch anschreien. Auf keinen Fall solltest du Wölfe füttern und dein Hund sollte, wenn er ohne Leine geht, unbedingt auf deinen Rückruf hören.

TOLLE KNOLLE

Im Kartoffelland Nr. 1 hat die Lüneburger Heide die Nase vorn: Fast die Hälfte aller Kartoffeln in Deutschland wird hier produziert, und das bereits seit Mitte des 19. Jhs. Regelmäßig finden jede Menge Kartoffelevents statt, so etwa die Kartoffelfeste in Egestorf und Bad Bevensen; Bad Bevensen kürt sogar eine Kartoffelkönigin. Kartoffeln landen nicht nur auf dem Teller, sondern werden im Wendland auch zu Kartoffelstärke verarbeitet. Die wird von der Lebensmittelindustrie benötigt und auch zur umweltfreundlichen Produktion von Papier und Pappe, von Kosmetika und Medikamenten, von Kunst- und Klebstoffen genutzt. In Bad Bevensen gibt es jeweils eine „Kartoffel des Monats", aus denen heimische Gastronomen wechselnde Gerichte zaubern. Und Probiersäckchen oder auch -säcke kannst du überall in der Heide in Restaurants, Landgasthöfen und Hofläden kaufen. Ganz anders geht Biobauer Karsten Ellenberg in Barum an die Kartoffeln ran: Er

Keine Sorge: Wölfen wirst du unterwegs nicht begegnen. Aber im Wolfcenter Dörverden!

Wie Bienen wohnen: Sagenhafte 50 000 Tierchen leben in einem „Lüneburger Stülper"

züchtet alte, bunte Sorten, die jeden Kartoffelsalat zum Partyknüller werden lassen *(kartoffelvielfalt.de)*.

WIE BIENEN WOHNEN

Die Imkerei war für viele Heidebauern immer schon ein einträgliches Nebengeschäft. Honig wurde früher mehr gebraucht als heute, denn er war lange der einzige in großen Mengen zur Verfügung stehende Süßstoff. Das Bienenwachs brachte Licht in Häuser und Werkstätten. Eine Besonderheit der Heide sind die Bienenzäune: früher mit Holzlatten, heute meist mit Reet gedeckte Regale, die manchmal gar die Form einfacher Häuser annehmen. Sie schützen vor Wind und vor direkter Sonneneinstrahlung und erleichtern es den Bienen, in ihren Brutkammern ständig die erforderliche konstante Temperatur von 35 Grad zu halten. Häufig stehen in den Bienenzäunen moderne Bienenkästen, manchmal aber auch noch die „Lüneburger Stülper": traditionelle Bienenkörbe aus Weidengeflecht, die mit Kuhmist abgedichtet sind. Jeder Staat, der in solch einem Bienenkorb lebt, besteht aus rund 50 000 Bienen.

SCHNUCKELIGE SCHNUCKEN

Tierische Einheimische sorgen dafür, dass wir uns bis heute an den prächtigen Heideflächen satt sehen können: Heidschnucken, die hier typische Schafsrasse, knabbern die jungen Triebe der Heidepflanzen ab und verhindern so die Verwaldung der Heideflächen. Nur die spitzen Nadeln der Wacholderbüsche mögen die Tiere nicht. Im 19. Jh. lebten 800 000 Heidschnucken in der Heide und jeder Hof hatte seine eigene Herde – heute sind es nur noch ca. 9000. Der Aufwand der Züchter ist hoch, der Verkauf von Fellen spielt nur eine kleine Rolle und die Wolle wird verschenkt. Als Urlauber kannst du helfen, indem du das Fleisch kaufst oder im Restaurant bestellst – und zwar nicht nur Keule und Rücken, sondern auch andere Varianten. Denn die Züchter müssen auch für das übrige Fleisch Abnehmer finden, wenn die Zucht rentabel sein soll. 13 Herden gibt es noch, die das ganze Jahr über mit ihren Schäfern unterwegs sind. Nach ihnen ist der 223 km lange, mehrfach ausgezeichnete Heidschnuckenweg *(heidschnuckenweg.de)* benannt. Auf 13 Etappen zwischen Buchholz und Celle kommst du dabei in die schönsten Gebiete der Heide und begegnest mit etwas Glück auch einer Schnuckenherde.

LÜNEBURGER SENKUNGSTEUFEL

Vom Senkungsteufel sprach man in Lüneburg, wenn es um die üblen Folgen des Salzabbaus ab den 1950er-Jahren ging. Durch die jahrhundertelange Entnahme der Sole gab der ausgelaugte Boden nach, Grundwasserströme, eindringendes Regenwasser und Gipseinlagerungen taten ein Übriges: Reihenweise stürzten Häuser ein, sackten Mauern weg. Bis 1980 wurden 180 Häuser und 600 Wohnungen unbewohnbar. Dabei wanderten die Senkungen innerhalb des nur 1,8 km² großen Senkungsgebiets von einem Straßenzug zum nächsten: In den 70er-Jahren war die Westliche Altstadt besonders betroffen, zwei Jahr-

KLISCHEE KISTE

HEIDE, SO WEIT DAS AUGE REICHT

Überall rosa schimmernde Heideteppiche und alle naslang trottet eine Schnuckenherde durchs Bild; auf einen langen Stab gestützt, beobachtet der Schäfer seine Herde und die Kutsche ist das Hauptverkehrsmittel. So weit so falsch: Ebenso typisch für die Region sind Flüsse, Moore, Wälder und von Lüneburg ist es noch eine gute halbe Autotunde bis zum Naturschutzgebiet. Den Schäfer und die Schnucken gibts aber trotzdem zu entdecken!

WENDLAND? ALLES TÖPFERNDE ATOMKRAFTGEGNER

In diesem künstlerisch inspirierten, mitunter leidenschaftlich streitbaren Niemandsland haben viele Lebens- und Arbeitsformen ihren Ursprung im Widerstand gegen Atomkraft und in der Sehnsucht nach einem selbstbestimmten Leben. Der Widerstand gegen das Atommülllager in Gorleben begann in den 1980er-Jahren, die Kulturelle Landpartie später als eine Art Protestfest, mit dem eine Handvoll Menschen zeigen wollte, dass das Wendland außer einer atomaren Müllhalde viel mehr Schönes und Kreatives zu bieten hat. Mittlerweile erfährt das Wendland wachsendes Interesse an seinen Immobilien, den wunderschönen alten Rundlingshöfen.

zehnte später eine Wohnstraße im nördlichen Lüneburg. Das jüngste Beispiel ist die Absenkung der mittlerweile gesperrten Frommestraße um mehrere Meter – ein unheimlicher Anblick. Drei Häuser in dieser Straße wurden 2013 abgerissen. Ein Heilmittel gegen die Senkungen gibt es nach wie vor nicht. So leben viele Bewohner

Der salzhaltige Untergrund sorgt für manche Schieflage in Lüneburgs westlicher Altstadt

notgedrungen mit schiefen Fußböden, Sonderanfertigungen für Möbel und Tellern, aus denen schon mal die Suppe überlaufen kann.

HIER REGNET'S ROTE ROSEN

Gunter Flickenschild ist im Lüneburger Hotel Drei Könige gerade nicht anzutreffen? Sicher ist der Hoteldirektor nur kurz in einer Besprechung. Oder in der Mittagspause. Bestimmt ist er gleich wieder da und gibt Ihnen gerne ein Autogramm. Und klärt dich freundlich über seinen eigentlichen Namen und darüber auf, dass das Hotel in Wirklichkeit Hotel Bergström heißt: Es dient als Filmhotel in der ARD-Herzschmerz-Serie „Rote Rosen" und ist ein beliebter Selfiehintergrund. Seit 2006 ist Lüneburg Schauplatz von enttäuschter Liebe, Schmach und Intrigen und zieht Tausende Gäste in die Stadt. Nicht nur den echten Hoteldirektor verwechseln enthusiastische Fans mit dem Filmhoteldirektor – auch der Film-Oberbürgermeister alias Schauspieler Gerry Hungbauer muss sich immer wieder mit Anliegen von Lüneburgern auseinandersetzen. Ein Großteil der Aufnahmen wird im Studio am Stadtrand gedreht. Hier findet alljährlich der beliebte Fantag mit Blick hinter die Kulissen statt. Infos, Führungen und Arrangements unter *lueneburg.info/rote-rosen.*

WAS FÜR EINE PLAGGEREI

Du entdeckst bei deiner Wanderung verkohlte Heideflächen? Hier war kein Feuerteufel am Werk, sondern alte, verholzte Heidepflanzen wurden gezielt abgebrannt – eine ideale Verjüngungskur für die Besenheide. Ihre unter der Erde liegenden Samen ertragen die Hitze nämlich sehr gut und können schon im Folgejahr austreiben. Eine weitere Schutzmaßnahme für die Heide ist das sogenannte Plaggen und Entkusseln. Dabei entfernen Freiwillige aufkommende Baumtriebe von den Böden. Helfer sind immer willkommen, so z. B. auf dem Schäferhof in Neuenkirchen *(schaeferhof-neuenkirchen.de)* oder bei den Infostellen des Naturparks *(naturpark-lueneburger-heide.de)*. Und damit das Plaggen nicht zur Plage wird, gibts nach getaner Arbeit auch was gegen Hunger und Durst.

AUF SAND GEBAUT

Gleich zwei Naturparke sind in der Heide angesiedelt: Der Naturpark Lüneburger Heide, ursprünglich identisch mit dem Naturschutzgebiet Lüneburger Heide, ist mittlerweile auf stattliche 1070 km^2 gewachsen. Nördlichster Punkt ist Buchholz, im Westen reicht er bis Schneverdingen, im Süden bis Soltau, im Osten grenzt er an die Tore Lüneburgs. Älter und nur 480 km^2 groß ist der Naturpark Südheide nördlich von Celle. Die sandigen Böden beider Naturparke entstanden durch die letzte Eiszeit. Als die Gletscher schmolzen, hinterließen sie riesige Geröll- und Sandmassen, auf denen genügsame Kiefern, Buchen und Birken wuchsen. Mit Beginn des Ackerbaus wurde der Wald zurückgedrängt – damit war der Nährboden für die anspruchslose Heide bereitet. Und wunderbare Spargel und Kartoffeln bringen die sandigen Böden auch noch hervor.

ARCHE AN DER ELBE

Ein Teil der Elbtalaue im Osten ist eine sogenannte Archeregion, in der Landwirte vom Aussterben bedrohte Haustierrassen züchten. Jüngster und bekanntester Züchter ist der 2002 geborene Maximilian Jasker, der seit seinem sechsten Lebensjahr als Züchter und Tierschützer aktiv ist. Auf dem elterlichen Hof in Neuhaus an der Elbe hat er mit vielen Helfern und Spenden eine Arche geschaffen, auf der Kinder und Erwachsene Lachshühner, Warzenenten oder Bentheimer Landschafe erleben können. Über 100 Tiere hält Maximilian, darunter Schafe, Kaninchen, Hütehunde, Ziegen und Esel. Es sollen möglichst viele Kinder erfahren, warum es so wichtig ist, dass die alten Haustierrassen nicht eines Tages verschwinden. Denn sie sind widerstandsfähiger und krankheitsresistenter als moderne, hochgezüchtete Rassen und sorgen für eine enorme genetische Vielfalt. Und die Tiere werden – bestes Biofleisch – auch gegessen. Auch auf den anderen Höfen der Archeregion Flusslandschaft Elbe sind große und kleine Besucher willkommen. *max-arche.de, arche-region-elbe.de*

ESSEN SHOPPEN SPORT

Höhenrausch: Auf sagenhafte 169 m musst du dich am Wilseder Berg schrauben

ESSEN & TRINKEN

Forellen und Hechte aus Heideflüssen, Fleisch und Schinken von Heidschnucken, dazu Spargel und Buchweizen: Regionale Spezialitäten stehen auf den Karten fast aller guten Restaurants in der Heide; die Zutaten kommen häufig von heimischen Höfen.

Schließlich ist die Heide überwiegend Agrarland – und noch dazu eins, in dem sich viele Bauern dem biologischen Anbau verschrieben haben. Besonders stark ist diese Ökobewegung im Wendland, wo das geplante Atommülllager in Gorleben zur Bewusstseinsschärfung der Bauern beigetragen hat.

WILDE SCHNUCKIS

Am bekanntesten sind sicherlich die vielfältigen Heidschnuckengerichte. Etwa die Hälfte des jährlichen Nachwuchses, fast alle männlichen Schnucken und einige ältere Muttertiere, wird ab Ende August als Schlachtvieh verkauft. Von September bis November kommt das Fleisch frisch in den Handel, danach überwiegend tiefgefroren oder zu Wurst verarbeitet in Dosen. Heidschnucke schmeckt anders als Lamm. Das Fleisch sieht viel dunkler aus, ist fettarm und erinnert geschmacklich an Wild. Wie Lämmer können auch Heidschnucken nicht in Ställe gezwängt gehalten werden, sie leben draußen – und das schmeckt man beim Genuss dieses heidetypischen Fleischs. Klassische Beilagen sind Salzkartoffeln oder Kroketten, Rotkohl oder grüne Bohnen, Pfifferlinge und Preiselbeeren oder Johannisbeergelee.

LUST AUF HEIDE-HALLOUMI?

Käse aus Heidschnuckenmilch gibt es nicht. Käsereien sind in der Heide ohnehin selten, da die Rinderhaltung hier nur eine geringe Rolle spielt. In Ahlden-Eilte westlich vom Serengeti-

Krone in Lüneburg: Neben Heideklassikern gibts hier auch „Lüpas", Lüneburger Tapas (li.)

Park Hodenhagen gibt es mit dem *Biohof Eilte (Großer Garten 6 | Hofladen: Mi und Fr 10–13 und 15–18, Sa 10–13 Uhr | biohof-eilte.de)* allerdings noch eine traditionelle Käserei. Der Biolandbetrieb stellt aus eigener Rohmilch zehn verschiedene Käsesorten sowie Joghurt und Quark her. Der *Bauckhof (Triangel 2 | bauckhof.de | Hofladen: Mo–Fr 9–18.30, Sa 8–13 Uhr)* in Amelinghausen hat sogar über 20 Käsesorten im Programm, vom Hofkäse bis zum Heide-Halloumi reicht die Palette. Bioqualität wird auch hier garantiert, wie überhaupt in der Heide immer mehr Landwirte und Lebensmittelproduzenten ihre Verantwortung für die Umwelt und für die Gesundheit der Konsumenten sehr ernst nehmen.

FLEISCHIGES UND FISCHIGES

Wildgerichte in jeder Form gehören ebenfalls zu den Heidespezialitäten. Wacholderbeeren fehlen selten in der Sauce, denn auch sie sind ja ein typisches Heideprodukt. Sauerfleisch, Wurst und Schinken vom Wild sind Delikatessen, die man nicht nur in manchen Restaurants erhält, sondern auch zum Mitnehmen in einigen Hofläden und Metzgereien. Auch Fleisch und Wurst von Schwein, Rind oder Lamm erhältst du auf regionalen Märkten in der Heide oder auf Höfen in Bioqualität, so etwa auf den *Archehöfen (arche-region-elbe.de)* in der Elbtalaue im rechtselbischen Amt Neuhaus oder beim *Biogut Bauck (Bergstr. 30 | Bad Bodenteich | henning-bauck.de)* in der Südheide, wo du mit gutem Gewissen köstliches Fleisch von Tieren kaufen oder essen kannst, die ein wirklich gutes und vergleichsweise langes Leben in artgerechter Haltung hatten.

Die Heidegewässer, viele Fischteiche und die Elbe bereichern das kulinarische Angebot mit frischen Forellen, Karpfen, Hecht und vielfältigen Aalgerichten. In mehreren Räuchereien in der Heide kann man Aal ebenso frisch aus dem Rauch kaufen wie Seefisch. Im späten Winter und frühen Frühjahr ist in der Elbtalaue und in den Heidestädten Stintsaison. Der etwa sardinengroße Fisch mit dem markanten Gurkengeruch aus der Familie der Lachse ist in den letzten Jahren zu einem wahren Kultgericht vieler Norddeutscher geworden.

SCHÄTZCHEN AUS DER ERDE

Die klassische Beilage zu Fisch- und Fleischgerichten ist die helle Heidekartoffel, sahnig und buttrig zergeht sie auf der Zunge. Manchmal möchte man hier einfach nur Heidekartoffeln mit Sauce essen. Erst im 18. Jh. auf den sandigen Böden eingeführt, ist sie heute das wichtigste landwirtschaftliche Produkt der Region. Auch für Spargel sind die Heideböden ideal. Wenn er zwischen Ende April und Juni gestochen wird, propagieren viele Lokale Spargelwochen. Im August und September stehen dann frische Pfifferlinge auf der Tageskarte vieler Restaurants – und manchmal auch Steinpilze, die im pilzreichen Wald der Göhrde gesammelt wurden.

Der Buchweizen galt noch bis vor wenigen Jahrzehnten als typisches Armeleuteessen. Auf den nährstoffarmen Heideböden gedieh dieses anspruchslose, weiß blühende Knöterichgewächs besonders gut. Seinen Namen leitet es einerseits von den an kleine Bucheckern erinnernden, dreieckigen Früchten ab, andererseits von seinen wie bei Weizen vielfältigen Verwendungsmöglichkeiten. Heute sind Buchweizengerichte in der Heide gefragt, denn sie sind nicht nur typisch für die Region, sondern der Buchweizen ist außerdem noch glutenfrei. Die Buchweizentorte ist *der* Klassiker in der Heide zur Kaffeezeit.

WAS FÜR EIN SAFTLADEN!

Auch bei den Getränken kann man sich in der Heide auf eine kulinarische Entdeckungsreise begeben. Aus dem Höhbeck an der Elbe werden vor allem Reformhauskunden bundesweit mit allerlei Beerensäften versorgt. In Bleckede an der Elbe stellt die Süßmosterei *Günther (mosterei-guenther.de)* viele verschiedene Säfte her, darunter einen köstlichen Rhabarbertrunk, sowie Weine aus Heidel- und Johannisbeeren, Sauerkirschen, Äpfeln und Erdbeeren. Nur ein paar Kilometer weiter im Wendland produziert Voelkel, eine der größten Naturkostsaftereien, köstliche Biosäfte und -limonaden. Und Bierliebhaber können auf einer Heiderundreise gewissermaßen ihr eigenes Bierseminar veranstalten, indem sie z. B. das Wittinger Premium, das Celler und das Gifhorner Urtrüb, das Soltauer Brauhausbier, das Moravia und das liebevoll „Lüpi" genannte Lüneburger Pilsener probieren. Eine in Celle seit 1877 produzierte Spirituose, die in der Heide auf fast jeder Getränkekarte steht, ist der Ratzeputz. Ingwer schenkt diesem 58-prozentigen Kräuterschnaps seine Schärfe. Die sanftere „Damenversion" dazu ist der nur 35-prozentige Ratzingwer mit Orangen- und Rumaroma.

Unsere Empfehlung heute

Vorweg

HOCHZEITSSUPPE
Klare Suppe mit Gemüseeinlage, Markklößchen und Eierstich

FLIEDERBEERSUPPE
Mit Apfel und Grießklößchen serviert

WILDSCHINKEN
Vom Wildschwein und vom Rothirsch, auf kräftigem Brot

Hauptgerichte

PLÜCKFLEISCH
Von der Hochrippe „gepflücktes" Rindfleisch, mit Suppengrün und Trockenobst gekocht

HEIDSCHNUCKENGULASCH
Mit grünen Bohnen und Heidekartoffeln

WIRSINGROULADE VON DER HEIDSCHNUCKE
Die feine Heidevariante der süddeutschen Krautwickel

HIRSCHBRATEN
Mit Rotkohl, Thymiansauce und Kartoffelkroketten

STECKRÜBENEINTOPF
Mit Kartoffeln, Mohrrüben, Bauchfleisch und Wacholderbeeren

HEIDJER KNIPP
Grützwurst von der Heidschnucke in Apfel-Zwiebel-Schmalz mit pikanten Sauergemüsen und Bratkartoffeln

BUCHWEIZENPFANNKUCHEN
Mit Speck und Äpfeln serviert

FORELLE BLAU
Mit grünem Salat und Heidekartoffeln

Kuchen & Süßes

HEIDESAND
Rollenförmiges Gebäck aus Butter, Zucker, Mehl und Milch

BUCHWEIZENTORTE
Mit Preiselbeeren verfeinert

BUCHWEIZENWAFFELN
Mit heißen Kirschen und Vanilleeis

WELFENSPEISE
Vanillecreme in Weißweinsauce

Hochprozentiges

CALLUNA GIN
Mit Lavendel- und Holunderblüten

ALLER-LEINE-TROPFEN
Obstler aus Heidelbeeren

WHITE WENDISH
Wendländischer Sahnelikör mit einem Schuss Whisky und Schafsmilch

SHOPPEN & STÖBERN

Im Sommer wirkt die Heide mancherorts wie ein riesiger Basar. Viele Bauern bieten ihre Produkte an Ständen am Straßenrand an oder in Hofläden, die auch sonntags geöffnet sind. Überall stehen Kartoffelnetze und -säcke herum, Heidehonig kannst du sogar in manchen Kosmetiksalons kaufen.

DIREKT AN DER QUELLE

Hofläden ziehen sich durch die gesamte Lüneburger Heide. Landwirte bieten hier Spargel und Kartoffeln, Obst und Gemüse, Wurst und Fleisch, Käse, Obstweine und Spirituosen an – immer aus heimischer Produktion.

SÜSS & BITTER

Echter Heidehonig ist meistens als aus der Lüneburger Heide stammend gekennzeichnet. Der sogenannte Sommertrachthonig stammt zwar aus der Heide, wurde von den Bienen aber schon vor der Zeit der Heideblüte gesammelt. Edle Schokoladen und Pralinen werden von mehreren kleinen Manufakturen in Celle, Lüneburg und Uelzen hergestellt. Auch Kaffeespezialitäten kommen aus Celle und aus Lüneburg.

WÄRMENDES

Ein typisches Heideprodukt sind Heidschnuckenfelle und Schafswolle. Sie werden zu Sitzfellen fürs Auto, Nackenstützen, Hausschuhen oder kuscheligem Bodenbelag verarbeitet. Das Fellhandelszentrum der Heide ist Schneverdingen.

SCHICK & INDIVIDUELL

Wer ausgefallene junge Mode und Accessoires sucht, ist in Lüneburg gut aufgehoben, wo die Zahl inhabergeführter Geschäfte mit eigenem Programm noch ausgesprochen hoch ist. Wer lieber den großen, internationa-

Süß: Heidehonig (re.); süüüüüüß: Heidschnucken aus Stoff zum Kuscheln (li.)

len Namen folgt, findet in den beiden Outletcentern in Wolfsburg (s. S. 81) und Soltau (s. S. 97) viele Labels zu günstigen Preisen.

VORSICHT, ZERBRECHLICH!

Keramik wird in der Heide in mehreren Ateliers produziert. Gebrauchs- und Gartenkeramik führt *Annette Dannhus (Schuhstr. 27 | Celle | dannhuskeramik.de)*. Die *Porzellan-Manufaktur (Alte Landesstr. 2 | Hörpel | Bispingen | porzellanmanufaktur-calluna.de)* kauft Porzellan-Weißware, bringt mit Folien vor allem heidebezogene Dekorationen auf und brennt sie dann.

NACHHALTIG IST TRUMPF

Die Schwestern Gina und Patrizia Steinforth machen als Trödelqueens *(troedelqueens.de)* in ihren beiden Läden in Bad Bevensen und Lüneburg Furore in Sachen Wiederverwertung: Sie handeln mit Retouren. Zu kaufen gibt es gut erhaltene Secondhandmode, Antiquitäten, Schmuck und vieles mehr.

FÜR HALS, ARM, FINGER, OHR ...

Juweliere und Goldschmiede, die noch selbst Schmuck entwerfen und anfertigen, gibt es in mehreren Orten. Etwas Besonderes hat sich *Joachim Fahrenkrug (Auf der Altstadt 9 | hansegiebel.de)* in Lüneburg einfallen lassen: Er setzt die klassischen Treppengiebel der norddeutschen Backsteingotik in Schmuckstücke um.

INSIDER-TIPP
Das findest du woanders nicht!

AUS DEM WENDLAND

Das Wendland ist ideal für alle, die gutes Kunsthandwerk und regionale Kulinaria schätzen. In Lübeln und Dannenberg gibt es eine große Auswahl an Herstellern. Kontakte und Kurse vor Ort vermittelt der *Werkhof Kukate (werkhof-kukate.de)* bei Waddeweitz.

SPORT

Die Heide ist recht dünn besiedelt. Da ist viel Platz für raumgreifende Sportarten wie Radfahren, Wandern, Reiten, Golfen, Nordic Walking oder Inlineskating.

WANDERN

Wanderwege sind überall in der Heide angelegt und markiert. Weitwanderer lockt der Europäische Fernwanderweg E 1, der auf seinem Weg von der Nordsee bis ans Mittelmeer 125 km weit von Buchholz in der Nordheide über den Wilseder Berg, Soltau und Müden an der Örtze nach Celle führt. Der 2014 als schönster Wanderweg Deutschlands prämierte Heidschnuckenweg *(heidschnuckenweg.de)* führt von Hamburg-Fischbek 243 km lang bis nach Celle. Er ist in insgesamt 13 Etappen zu erwandern, zwölf „Heideschleifen" genannte Rundwanderwege docken an den Heidschnuckenweg an. Die Heide bei Nacht gibt es bei Vollmondwanderungen zu erleben, die von Mai bis Oktober in der Ellerndorfer Wacholderheide bei Uelzen, in der Klein Bünstorfer Heide bei Bad Bevensen und in der Weseler Heide bei Undeloh angeboten werden.
Seit ein paar Jahren werden in der Heideregion auf etwa 300 km Länge zwei historische Teilstücke vom mittelalterlichen Jakobsweg markiert. Ein Zweig beginnt in Hamburg und führt über den Wilseder Berg, Schneverdingen, Soltau und Bad Fallingbostel bis zum Kloster Mariensee, der andere führt von Hermannsburg über Wienhausen und Celle dorthin. Wer will, kann beide Zweige zu einer ausgedehnten Heidewanderung miteinander kombinieren. *lueneburger-heide.de*

NORDIC WALKING

Auf 470 km führen ausgeschilderte Nordic-Walking-Routen durch die Lüneburger Heide, z. B. in Egestorf, Un-

Idealer Begleiter in der überwiegend flachen Heide: das Fahrrad

deloh, zwischen Uelzen und Bad Bodenteich, rund um Bad Bevensen und östlich davon in Himbergen. Strecken findest du auf *heide-walking.de* und *lueneburger-heide.de,* in einigen Orten werden auch Kurse angeboten.

KLETTERN

Den Mangel an Felsspitzen und Steilwänden macht die Heide durch mehrere Kletterparks wett. Da können schon Kinder ab sechs Jahren gut gesichert und unter Anleitung erfahrener Trainer sich wie Tarzan von Baum zu Baum schwingen, über schmale Seile in luftiger Höhe balancieren oder sich auf schwankenden Hängebrücken fast wie im Himalaja fühlen. Kletterparks findest du in Schneverdingen *(hoehenweg.de),* Scharnebeck *(kletterwald-scharnebeck.de),* Walsrode *(buhl-activity-parks.de)* und Wolfsburg *(monkeyman.eu).* Eine besonders coole Art zu klettern gibt es in Lüneburg beim Bouldern für alle Altersgruppen *(urbanapes.de).*

RADFAHREN

Überfüllte Radwege wirst du hier nicht finden – die dünne Besiedlung der Lüneburger Heide verspricht entspanntes Radelvergnügen. In fast jedem Ort werden Tourenräder vermietet, E-Bikes können in Bad Bevensen, Bienenbüttel, Uelzen, Lüneburg, Müden (Örtze), Rotenburg (Wümme), Wietzendorf, Undeloh und Hermannsburg ausgeliehen werden (Adressen: *lueneburger-heide.de | 20 Euro/Tag, ab 150 Euro/10 Tage*). Fast jede Touristinformation bietet Tourenvorschläge und Radwanderkarten für ihre Region an. Auch bei der *Lüneburger Heide GmbH (Tel. 04131 3 09 39 60 | lueneburger-heide.de)* sind verschiedene Radwanderkarten erhältlich.

Auf ca. 100 km verläuft der ausgeschilderte Ilmenauradweg von Uelzen bis nach Hoopte an die Elbe vor Hamburgs Toren. Ebenfalls etwa 100 km weit führt der Elberadweg zwischen Bleckede und Schnackenburg durch die Region. Infos hierzu und über die zahlreichen Themenradtouren sind bei *Elbtalaue-Wendland-Touristik (Tel. 05841 962 90 | elbtalaue-wendland.de)* erhältlich. Ein weiterer Fernradweg ist der *Hanse-Wendland-Radweg (region-wendland.de),* der auf rund 160 km gleich mehrere Kulturlandschaften miteinander verbindet: die Altmark südlich von Lüchow-Dannenberg, das Wendland und die Lüneburger Heide. 40 ausgeschilderte Radrouten gibt es in der Region rund um Uelzen zu entdecken *(radregion-uelzen.de).*

INLINESKATING

Viele Touristinfos halten Tourenvorschläge im Internet oder als kostenlose Flyer bereit, z. B. in Lüneburg, in Winsen/Luhe und im Wendland.

REITEN

Die Heide ist eine Hochburg des deutschen Reitsports und der Pferdezucht. In Fachkreisen berühmt sind die Pferdeauktionen und das Deutsche Pferdemuseum in Verden, das Niedersächsische Landgestüt in Celle mit seiner Hengstparade im Herbst, der Klosterhof Medingen bei Bad Bevensen mit exzellenter Zucht und die internationalen Militaryturniere in Luhmühlen bei Salzhausen. Zahlreiche Reitschulen sind zum Teil auf Bauernhöfen zu finden, in denen auch gleich die ganze Familie und mitgebrachte Pferde in Gastboxen übernachten können. Und „Passivreiter" lassen sich in Pferdekutschen durch die Heide fahren. Über die vielfältigen Angebote informiert die *Lüneburger Heide GmbH (Tel. 04131 309 39 60 | lueneburger-heide.de).*

KANU & KAJAK

Für Kanu- und Paddeltouren eignen sich die Aller, die Jeetzel sowie die Heideflüsse Böhme, Este, Ilmenau, Luhe, Örtze, Lachte, Seeve und Wietze besonders gut. Aus Naturschutzgründen sind sie jedoch streckenweise zu bestimmten Jahreszeiten gesperrt. Darüber informieren viele Verleihstationen, z. B. in Hermannsburg und Winsen/Aller. Geführte Touren und Einwegmieten bieten u. a. *Rodenwaldt (Tel. 05149 98 77 10 | rodenwaldt.de)* in Wienhausen, *Kanu Aktiv (Tel. 05823 95 53 39 | kanuaktiv.de)* in Bienenbüttel, *Heide-Kanu (Tel. 04132 93 39 33 | heide-kanu.de)* in Oldendorf/Luhe und *Meyer's Kanatour (Tel. 05143 9 30 15 | kanatour.de)* in Winsen an.

STAND-UP-PADDLING

Die Begeisterung fürs SUP hat auch in der Heide Einzug gehalten. Die Heideflüsse, allen voran die Ilmenau, eignen sich ideal für diesen Funsport. In Lüneburg, Bad Bevensen und Uelzen können Bretter geliehen und Kurse gebucht werden. *nature-guides.com, bad-bevensen.de*

ANGELN

Gute Reviere sind etwa die Ilmenau um Bad Bevensen und der Heidesee in Müden (Örtze). Angler erhalten in vielen Revieren gegen Vorlage ihres Fischereiausweises Gastangelscheine,

z. B. in der *Tourist-Information (bad-bevensen.de)* in Bad Bevensen, in der *Tourist-Information (touristik-soltau.de)* in Soltau oder in Munster bei *Landfuxx Dehning (Tel. 05192 88 79 03)*.

GOLF

Über ein Dutzend Plätze stehen Gästen mit Platzberechtigung offen. Zu den besten Plätzen Deutschlands zählen der *Golfclub St. Dionys (an der Straße Lüneburg–Winsen | Tel. 04133 21 33 11 | gcstd.de)* und die *Golfanlage Schloss Lüdersburg (an der Straße Lüneburg–Echem | Tel. 04139 6 97 00 | schloss-luedersburg.de)*. Auch beim *Castanea Golf Resort (Moorchaussee 3 | Tel. 04131 22 33 26 60 | castanea-resort.de)* in Adendorf bei Lüneburg lässt es sich auf dem 18-Loch-Mastercourse oder dem 9-Loch-Public-Course prima spielen, ebenso auf der *Golfanlage Bad Bevensen (Dorfstr. 22 | Tel. 05821 9 82 50 | gc-badbevensen.de)* in Altenmedingen. Wer einfach mal den Schläger schwingen und das Spielen ausprobieren will, ist beim *Swingolf Niendorf (Niendorf 1 | Tel. 05807 2 07 | swingolf-niendorf.de)* in Römstedt bei Bad Bevensen gut aufgehoben.

BALLONFAHREN

Heißluftballons sind stark wind- und wetterabhängig. Danach richtet sich die Startplatzwahl. Anbieter sind u. a. die *Aero Ballooning Company (Tel. 04178 81 86 90 | aeroballooning.de)*, *A. O. Ballonreisen (Tel. 04181 3 90 97 | ballonreisen.de)* und *Balloon Adventure (Tel. 040 87 00 76 08 | balloon-adventure.de)*.

Die kleinen Heideflüsschen sind toll zum Paddeln. In Hitzacker gibts sogar Einbäume!

DIE REGIONEN IM ÜBERBLICK

Elbe-Lübeck-Kanal
Schaalsee
Ein Heilbad, ein Wacholderwald und mittendrin die Hauptstadt der Heide
Sude
Elbe
Rögnitz
Elde-Müritz-Wasserstr.
Löcknitz
DER OSTEN S. 104
Lüchow
Elbe
DER NORDEN S. 40
Elbtalaue und Wendland: Wasser und Wald sind nie weit und laden zu ausgedehnten Spaziergängen und Radtouren ein
Elbe-Seitenkanal
Wolfsburg
Mittellandkanal

DER NORDEN

WO SALZ UND SOLE KRIBBELN

Eine Dreiviertelstunde südöstlich von Hamburg lockt die Namensgeberin der Heide: Lüneburg, eine echte Perle unter den Hansestädten und zugleich die größte Stadt in der Heide. 1000 Jahre lang haben die Lüneburger Salz aus dem Untergrund gewonnen und sich damit eine goldene Nase verdient. Der damalige Reichtum ist heute noch sichtbar: Stattliche Patrizierhäuser, charakteristische Giebel und ein Rathaus mit über 700 Jahren Baugeschichte sind nur einige der Hingucker in der alten Salzstadt.

Rund um den Stintmarkt und am Ufer der Ilmenau zeigt Lüneburg mediterranen Charme

Das Salz spielt auch in Bad Bevensen eine wichtige Rolle. Die Jod-Sole-Quellen, die hier in den 1960er-Jahren bei Erdgasbohrungen gefunden wurden, speisen das Wasser der Therme, die die ganze Palette an Wellnessangeboten bereithält. Neben diversen „Kurlaub"-Aktivitäten profitieren Besucher außerdem von der Lage des Orts direkt an der Ilmenau: Ausgeschilderte Kanu-, Rad- und Walkingrouten machen hier Lust auf Bewegung in der Natur. Und die Kartoffeln in der Region sind allererste Sahne!

DER NORDEN

MARCO POLO HIGHLIGHTS

★ **DEUTSCHES SALZMUSEUM**
Lebendiges Museum auf den Spuren des weißen Golds in der ehemaligen Saline von Lüneburg ➤ S. 48

★ **KLOSTER LÜNE**
Spaziergang ins Mittelalter am Stadtrand von Lüneburg ➤ S. 49

★ **JOD-SOLE-THERME BAD BEVENSEN**
Schwimmen, schwitzen, schwelgen in einer der größten Thermen des Nordens ➤ S. 57

★ **MUSEUMSDORF HÖSSERINGEN**
Handwerk, Kultur und Alltag der Heidjer von 1600 bis 1950, liebevoll zusammengestellt in 27 historischen Museumsbauten ➤ S. 60

★ **WESTLICHE ALTSTADT IN LÜNEBURG**
Wie vor Hunderten von Jahren fühlt sich, wer durch die historischen Gassen des früheren Handwerkerviertels spaziert ➤ S. 47

★ **SCHIFFSHEBEWERK SCHARNEBECK**
Gigantische Technik in Aktion erlebst du im Schiffshebewerk am „Heidesuez“ ➤ S. 54

★ **RATHAUS**
Das kunstvolle Schaustück bürgerlichen Wohlstands in Lüneburg ➤ S. 46

★ **KURPARK BAD BEVENSEN**
Wechselbepflanzungen, Exoten, Farbenpracht – das ganze Jahr über gibt es in dieser Parkoase immer wieder Neues zu entdecken ➤ S. 56

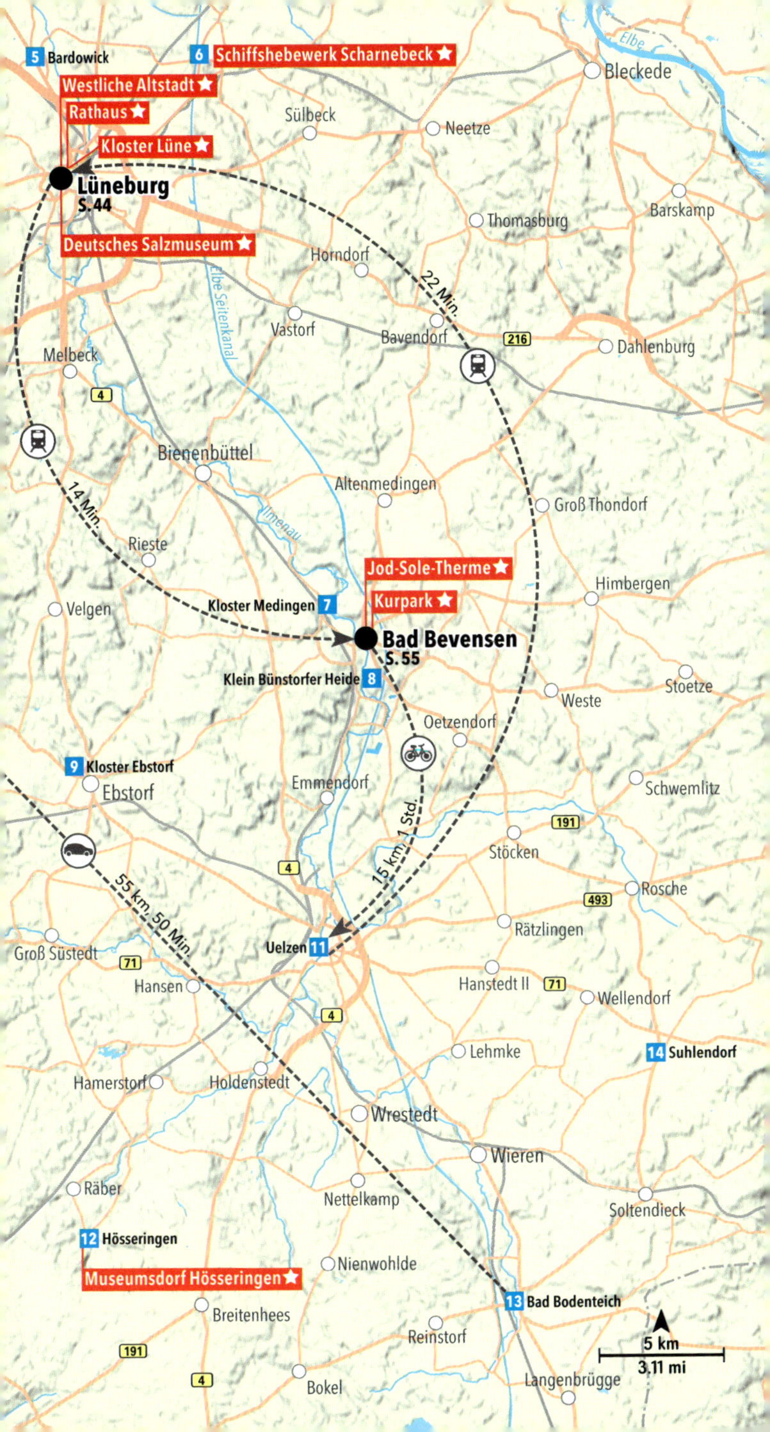

5 Bardowick
6 Schiffshebewerk Scharnebeck
Westliche Altstadt
Rathaus
Kloster Lüne
Lüneburg
S. 44
Deutsches Salzmuseum
Elbe
Bleckede
Sülbeck
Neetze
Barskamp
Thomasburg
Horndorf
22 Min.
Vastorf
Bavendorf
216
Dahlenburg
Elbe-Seitenkanal
Melbeck
4
Bienenbüttel
Altenmedingen
Groß Thondorf
Ilmenau
14 Min.
Rieste
Jod-Sole-Therme
Kurpark
Himbergen
Velgen
Kloster Medingen 7
Bad Bevensen
S. 55
Klein Bünstorfer Heide 8
Stoetze
Weste
Oetzendorf
9 Kloster Ebstorf
Ebstorf
Emmendorf
Schwemlitz
191
Stöcken
15 km, 1 Std.
55 km, 50 Min.
Rosche
493
Rätzlingen
Groß Süstedt
71
Uelzen 11
Hansen
Hanstedt II
Wellendorf
Lehmke
14 Suhlendorf
Hamerstorf
Holdenstedt
Wrestedt
Wieren
Räber
Nettelkamp
Soltendieck
12 Hösseringen
Museumsdorf Hösseringen
Nienwohlde
Breitenhees
13 Bad Bodenteich
Reinstorf
5 km
3.11 mi
Langenbrügge
Bokel

LÜNEBURG

(□ H2) **Einfach zum Verknallen, diese Stadt, mit ihrem prickelnden Gegensatz zwischen mittelalterlicher Kulisse und jungem, pulsierendem Ambiente!**

Zum lebendigen Flair tragen die rund 10 000 Studierenden der Leuphana-Uni, ein abwechslungsreiches Kulturleben und die vielen Geschäfte in der verkehrsberuhigten Innenstadt bei, die du stressfrei abbummeln kannst. Zwischen Boutiquen, Delikatessenläden und anderen kleinen Einkaufsoasen locken immer wieder Kneipen und Cafés zum Verschnaufen, sodass du dich nur zu gerne auf einen Kaffee oder ein Kaltgetränk niederlassen wirst. Das ist vor allem am Stintmarkt direkt am Alten Hafen ein Vergnügen:

INSIDER-TIPP **Chillen am Alten Hafen**

Wo früher das Salz verladen und über die Ilmenau bis nach Lübeck verschifft wurde, beherbergen heute uralte Häuser gemütliche Pinten.

Jahrhundertelang hatte Lüneburg durch seine Salzgewinnung – immerhin rund 30 000 t jährlich – eine herausragende Stellung innerhalb Nordeuropas und wurde 1362 Mitglied des einflussreichen Städtebunds der Hanse. „Steinreich" zu sein, das war im Mittelalter wörtlich zu nehmen: Viele Lüneburger waren durch den Salzhandel zu Geld gekommen und konnten sich prächtige steinerne Fassaden und Ziergiebel leisten. Mit zunehmender Konkurrenz in der Salzproduktion ab dem 17. Jh. jedoch endete Lüneburgs Blütezeit. Glück hatte die Stadt dann wieder im Zweiten Weltkrieg, in dem sie vom Bombenhagel weitgehend verschont blieb. So zählt ihre Altstadt heute zu den besterhaltenen Deutschlands. Beim Spaziergang durch die 76 000-Ew.-Stadt

INSIDER-TIPP **Auf Salz gebaut**

werden dir immer wieder schiefe, abgesackte Häuser begegnen – ausgehöhlt vom Salz, rumort der Untergrund bis heute.

Stadtführungen (Treffpunkt Rathaus): April–Dez. tgl. 11 und 14, Sa auch 11.30, Jan.–März Mi und Sa 11 Uhr | 10 Euro

WOHIN ZUERST?

Vom Bahnhof fahren zehn Stadtbuslinien zum zentralen Platz **Am Sande** und fünf zum **Rathaus**. Beide sind ideale Ausgangspunkte für die Erkundung der Stadt. Autofahrer finden in der Innenstadt ausreichend Parkhäuser und Parkplätze gegen Gebühr. Stadtrad Lüneburg *(stadtradlueneburg.de)* bietet an einem guten Dutzend Standorten die Möglichkeit, ein Rad auszuleihen *(10 Cent/Min., max. 15 Euro/Tag)*.

SIGHTSEEING

AM SANDE ⚑

Dieser bedeutendste Platz der Stadt war früher tatsächlich sandig. Hier kreuzten sich die Wege, Händler boten ihre Waren zum Verkauf an, Pferde- und Ochsenkarren durften geparkt

INSIDER-TIPP
Blick nach oben!

werden. Eine ganze Parade der typischen alten Backsteinhäuser ist hier zu finden, geschmückt mit Schnecken-, Dreiecks- und Treppengiebeln. Flankiert wird der Platz von der St.-Johannis-Kirche im Osten und der Industrie- und Handelskammer im Westen; mit ihrem auffälligen, dunkel glasierten Backstein und dem mächtigen Doppelgiebel ist sie eines der schönsten Gebäude der Stadt. Links und rechts an ihr entlang verlaufen die lebhafte Grapengießerstraße und die stillere, edle Heiligengeiststraße.

WASSERTURM

Neben der Dauerausstellung zum Thema Wasser ist vor allem die Architektur im Inneren des Turms sehr sehenswert. Das Treppenhaus führt mitten durch den riesigen ehemaligen Wasserkessel und in der sechsten Etage wandert der Blick von der Aussichtsterrasse weit über die Backsteindächer. An jedem Vollmondabend Kulturprogramm, an jedem ersten Sonntag im Monat Livejazz. *Bei der Ratsmühle 19 | wasserturm.net | tgl. 10–18 Uhr | 5 Euro*

INSIDER-TIPP
Das kesselt!

SANKT-JOHANNIS-KIRCHE

Die 1308 fertiggestellte, älteste Kirche Lüneburgs – natürlich auch sie im Stil der Backsteingotik – fällt durch ihren fast 109 m hohen Turm auf. Und der ist auch noch total schief – bis zu 2,20 m neigt er sich in Richtung Süd-

Treppengiebel und stilisierte Taue: Gebäude der Industrie- und Handelskammer Am Sande

westen! Innen ist die Kirche kostbar ausgestattet; der meisterhaft gebauten Orgel wegen pilgern ganze Scharen begeisterter Orgelfans nach Lüneburg. Toll ist es, hier schon früh unterwegs zu sein: Seit Jahrzehnten erschallt jeden Werktagmorgen um 9 (samstags um 10) Uhr der Choral eines Trompetenspielers vom Kirchturm über die Stadt. *Bei der St.-Johannis-Kirche 2 | st-johanniskirche.de | Do–So 12–16 Uhr, Kirchenführungen Mai–Okt. Sa 12, So ca. 11 Uhr nach dem Gottesdienst, Turmführungen auf Anfrage*

WASSERVIERTEL

Im lebendigen Kneipenviertel an der Ilmenau schlug schon im Mittelalter das Herz der Stadt. Hier wurden Handelsschiffe be- und entladen, stellten Böttcher Fässer her, lag Fischgeruch in der Luft, wie die Straßennamen Stintmarkt und Am Fischmarkt belegen. Herausragende Bauten in dem stimmungsvollen Viertel sind der *Alte Kran* von 1797, die *Lüner Mühle* von 1391 und der *Abtswasserkunst* genannte Turm von 1530. Turm und Mühle gehören heute zum Hotel Bergström. Im Erdgeschoss der Mühle gibt es einen tollen Bäcker und beim Italiener Mama Rosa einen guten Mittagstisch mit schönen Sonnenplätzen auf der Terrasse.

HOSPITAL ZUM ROTEN HAHN

„Buden": So nannte man schon im 16./17. Jh. die Armeleutehäuser in diesem wunderschönen Hof. Dank umfassender Sanierung wohnen hier auch heute Menschen mit geringem Salär auf akzeptablem Niveau. *Rotehahnstr. 14–19 | meist frei zugänglich*

SANKT-NICOLAI-KIRCHE

Das Gotteshaus der Schiffer wurde Anfang des 15. Jhs. im dicht besiedelten Wasserviertel errichtet. Entsprechend wuchs die Kirche mehr in die Höhe als in die Breite und präsentiert ranke, schlanke Backsteingotik. Lass drinnen den Blick auch nach oben schweifen: Das Sternengewölbe und der golden schimmernde Altar mit Schnitzereien sind eine Augenweide. Von Juni bis August jeden Samstag 11 Uhr *Musik zur Marktzeit. Lüner Str. | st-nicolai.wir-e.de | Mo–Fr 11–17, Sa 10–15, So nach dem Gottesdienst bis 15 Uhr, Turmbesteigung n.V. unter Tel. 04131 8983711*

RATHAUS ★

Ganz schön imposant, diese Barockfassade von 1720 – sie gehört ja auch zu einem der größten und schönsten Rathäuser Deutschlands. Über 700 Jahre wurde an ihm gebaut und klangvolle Namen wie Gerichtslaube, Große Ratsstube oder Fürstensaal machen neugierig auf die schönsten Räume, die das Rathaus zu bieten hat. Noch heute ist es übrigens Sitz der Stadtverwaltung, deren Mitarbeiter einen Teil der alten Räume noch nutzen. Schau dir die Pracht an: Du darfst dich auf farbige Glasfenster, zahlreiche Wandmalereien, Meisterwerke norddeutscher Schnitzkunst und eine einzigartig geschlossen erhaltene mittelalterliche Innenarchitektur freuen.

INSIDER-TIPP
Porzellan im Turm

Wer zur rechten Zeit da ist, kann – an frostfreien Tagen – um 8, um 12 und um 18 Uhr auch dem Glockenspiel aus Meißener Porzellan lauschen, das

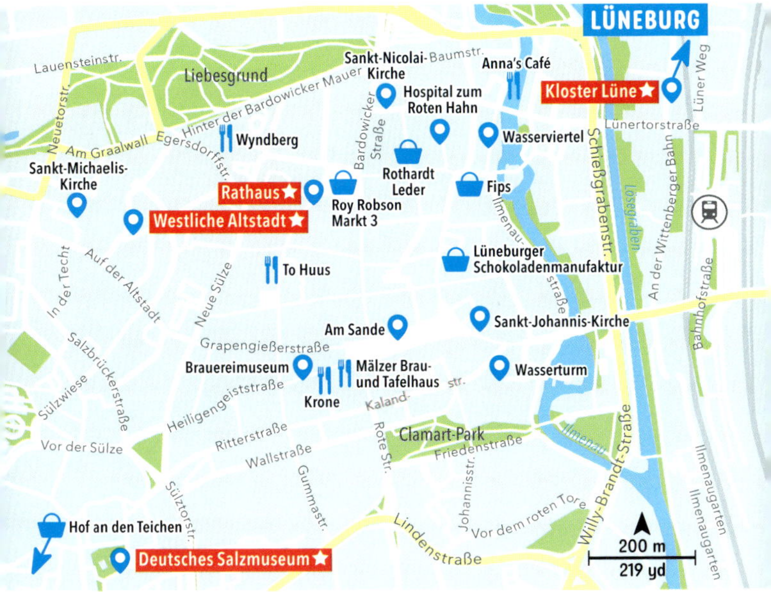

seit 1956 im Rathausturm hängt. *Am Markt 1 | Führungen April–Dez. Di–Sa 10, 12 und 15, So 11 und 14, Jan.–März Di–So 11 und 14 Uhr | 5 Euro | 1 Std.*

WESTLICHE ALTSTADT ★

Bei einem Spaziergang durch die Westliche Altstadt fühlt man sich ins Mittelalter versetzt: Alte Speicherhäuser, buckliges Kopfsteinpflaster und schmale Gassen lassen ahnen, wie es sich hier vor Jahrhunderten lebte. Dicht an dicht schmiegen sich die Häuser zwischen Johann-Sebastian-Bach-Platz und der Gasse Auf dem Meere mit rosenberankten Mauern und hohen Giebeln. Sie sind schmaler und bescheidener als die behäbigen Patrizierhäuser Am Sande – hier wohnten und arbeiteten im Mittelalter vor allem Handwerker. Die Lüneburger Senkungen plagten noch vor einigen Jahrzehnten die Bewohner, man wohnte krumm und schief und auch ärmlich. Dann eben abreißen, so der Plan des Stadtrats. Weitsichtige Bürger verhinderten dies und setzten Sanierungen in Gang. Mit dem Ergebnis, dass du heute an jedem der jahrhundertealten Häuser etwas Besonderes entdecken kannst: ein schön bemaltes Portal, eine nach vorn springende „Utlucht" (Ausguck), eine alte Seilwinde, mit deren Hilfe Lasten bis ganz nach oben gezogen wurden, und schöne kleine Läden.

SANKT-MICHAELIS-KIRCHE

Die Kirche mit ihrem trutzigen Turm thront mitten in der Westlichen Altstadt. Ihr berühmtester Kirchenschüler war Johann Sebastian Bach, der

Nonnenchor im Kloster Lüne mit einem Gemälde aus der Werkstatt von Lucas Cranach d.Ä.

hier im Jahr 1700 als junger Kantor anderen Mitschülern die Flötentöne beibrachte. Die Lage der Kirche im Senkungsgebiet bewirkt, dass sich die Balken biegen, die das Gewölbe der Kirche im Inneren zusammenhalten. *Johann-Sebastian-Bach-Platz | sankt-michaelis.de | Mitte März–Dez. Di–Sa 10–16, So 15–18 (Okt.-Dez. 14–16), Jan.-Mitte März So 14–16 Uhr*

DEUTSCHES SALZMUSEUM ★

Salz ist das große Thema in Lüneburg – das Museum auf dem ehemaligen Salinengelände zeigt anschaulich und gar nicht museal, wie Salzgewinnung und -handel im alten Lüneburg funktionierten. Und du kannst es selbst ausprobieren: Koch einfach mal in den kleinen Salzpfannen so lange Sole, bis die kostbaren, weißen Körnchen übrigbleiben. Die original Siedepfannen waren viel größer, 8 m breit und 20 m lang – eine von ihnen steht noch hier im Museum. Über die Bedeutung der Salzgewinnung für Lüneburg hinaus zeigt das Museum außerdem, welche Rolle Salz in anderen Winkeln der Erde spielt und warum wir ohne Salz nicht existieren können. Spannend! *Sülfmeisterstr. 1 | salzmuseum.de | Di–So 10–17 Uhr, Führungstermine auf der Website, Schausalzsieden Di–So 10–15 Uhr an der Siedehütte vor dem Museum | 8 Euro, inkl. Führung 9,50 Euro | ⏲ 1–2 Std.*

BRAUEREIMUSEUM

Im historischen Sudhaus der Kronen-Brauerei erfährst du alles über die Bierherstellung früherer Zeiten. Im schönen Hof gibts anschließend ein kühles Blondes. *Heiligengeiststr. 38 | brauereimuseum-lueneburg.de | März–Nov. Di–So 10–18 Uhr | 5 Euro | ⏲ 1 Std.*

KLOSTER LÜNE ★ ⚑

Ein seit 600 Jahren sprudelnder gotischer Brunnen, ein ehrwürdiger ehemaliger Speiseraum, das Refektorium, ein mystischer Kreuzgang mit farbenprächtigen Glasfenstern, das alles sehr gut erhalten: Als ob hier noch gestern Benediktinerinnen über die Gänge gehuscht wären, umgeben von prächtigen Wandmalereien auf Strohsäcken geschlafen oder sich im Kapitelsaal versammelt hätten. Seit 1272 lebten die Nonnen in der trutzigen Klosteranlage am nördlichen Stadtrand und fertigten Wandteppiche, Stickereien, Abendmahldecken und dergleichen. Zu bewundern sind diese Kostbarkeiten im angeschlossenen *Textilmuseum*. Hingucker in der *Klosterkirche* von 1410 sind die Barockorgel, das Taufbecken und der gotische Altaraufsatz. Zu besichtigen ist das Kloster im Rahmen einer Führung. Die Kirche und die Außenanlage mit Kräutergarten, Streuobstwiese und Klostercafé sind tagsüber frei zugänglich. *Am Domänenhof | kloster-luene.de | Ostern–Mitte Okt., Zeiten s. Website | 9 Euro inkl. Textilmuseum | ⏲ 1½ Std.*

ESSEN & TRINKEN

KRONE

Traditionsreicher Brauereigasthof neben dem Brauereimuseum. Besonders schön ist die Kronendiele aus der Zeit der Renaissance. Originell sind die „Lüpas", norddeutsche Kleinigkeiten in Tapaportionen für wenige Euro. *Heiligengeiststr. 39–41 | Tel. 04131 2 44 50 50 | krone-lueneburg.de | tgl. | €–€€*

MÄLZER BRAU- UND TAFELHAUS

Einst gab es in Lüneburg 80 Brauereien, fast alle in der Heiligengeiststraße. Über 500 Jahre Brautradition hat das Mälzer, hier genießt du das gleichnamige süffige Bier, im Haus gebraut. Tolles historisches Gemäuer mit Gewölbekeller. *Heiligengeiststr. 43 | Tel. 04131 4 77 77 | maelzerbrauhaus.de | tgl. | €–€€*

TO HUUS

Die Küche dieses lebendigen Lokals serviert Weiderind und Heidschnucke von regionalen Produzenten – etwa verpackt in oberleckere Burger – ebenso wie vegane Köstlichkeiten. Dazu gibts eine reichliche Auswahl guter Bier- und Weinsorten. *Schröderstr. 5a/b | Tel. 04131 4 08 12 83 | tohuus-lueneburg.de | So geschl. | €*

WYNDBERG

In dem Haus auf historischem Grund ist ein Anziehungspunkt zwischen Altem Stadtwall und Rathaus entstanden, in dem du mit feiner regionaler Küche und Hochprozentigem aus der eigenen Destille verwöhnt wirst. Cooler als auf der Terrasse lässt es sich kaum loungen! *Egersdorffstr. 1a | Tel. 04131 7 99 33 55 | wyndberg.de | So und außer Fr/Sa mittags geschl. | €€€*

ANNA'S CAFÉ

Kalorien vergessen und essen für die Seele, so heißt das Motto in den hellen, liebevoll nostalgisch eingerichteten Räumen des Cafés. Vom Keks zum Kaffee über die frisch eingekochte Marmelade bis hin zu den köstlichen Kuchen (auch vegan) wird hier alles selbst hergestellt. Und das alles inmitten praller Lüneburger Historie: Das Café siedelt im alten Visculenhof („Fischkuhle") im Wasserviertel. Reservieren ist empfehlenswert! *Salzstr. am Wasser 6 | Tel. 04131 8843181 | annas-cafe.de | Fr–Di 8–18 Uhr | €*

SHOPPEN

ROY ROBSON MARKT 3

Klasse Herrenausstatter mit trendiger bis eleganter Mode. Auch wenn du nichts kaufen willst, ist das Interieur dieses aufwendig sanierten Hauses – alte Deckenkonstruktionen und Backsteinmauern, stylishe Umkleiden – ein Erlebnis. Im Bistro im Erdgeschoss kannst du etwas von der kleinen, feinen Speisekarte bestellen, während deine Liebsten Hemd und Hose anprobieren. *Markt 3 | royrobson.com/markt3*

ROTHARDT LEDER

Inhabergeführtes Taschengeschäft – außer Handtaschen in allen Formen, Farben und diverser Labels gibts hier auch Portemonnaies, Schultaschen, Koffer, Kulturtaschen ... *An den Brodbänken 9–11 | rothardt-leder.de*

LÜNEBURGER SCHOKOLADENMANUFAKTUR

Handgemachte Schokoladen zum Essen, Trinken und Aufs-Brot-Streichen oder der Klassiker des Ladens, die „Pralüne", eine mit leichtem Salztouch versehene Praline. *Am Berge 26 | praluene.de*

FIPS

Hier gibts Spielzeugklassiker ebenso wie neue Spieletrends, Holzspielzeug und im ersten Stock Drachen und Windspiele. *Am Berge 37 | fips-laden.de*

Die Hansestadt kann auch mediterran: Terrasse an der Ilmenau im Wasserviertel

HOF AN DEN TEICHEN

Als eine Mischung aus regionaltypischem Einkaufen, Schlemmen und Erleben lässt sich der Hof etwas außerhalb auf dem Gelände einer alten Ziegelei im Stadtteil Rettmer beschreiben. Es gibt viel Platz für bedrohte Haustierrassen, einen Hofladen mit Café, einen Spielplatz und einiges mehr. *Heiligenthaler Str. 1 | hofandenteichen.de | wechselnde Zeiten s. Website*

SPORT & SPASS

SALÜ

Das Solebad hat sich einer Schönheitskur unterzogen und punktet nun neben seiner weitläufigen Saunalandschaft mit Wellenbad, Außenpool, Whirlpools und tollem Kinder- und Familienbereich. *Uelzener Str. 1 | salue.info | stark gestaffelte Zeiten und Preise s. Website*

INSIDER-TIPP
Mit Hebamme Rieke durchs Mittelalter

VON SEUCHEN, SALBEN UND SCHARLATANEN

Um kuriose Zipperlein, Heilmethoden und Kurpfuscher des Mittelalters geht es bei dieser witzigen Altstadtführung. Für Gruppen jederzeit, für Einzelpersonen zu bestimmten Terminen über die Touristinfo *(Tel. 0800 2 20 50 05 | lueneburg.info)* buchbar.

SPASS, SPORT & SPIEL IN ADENDORF

Eine ganze Sport- und Spielmeile für Kids gibt es wenige Kilometer nördlich in Adendorf am *Scharnebecker Weg:* angefangen vom *Freibad (adendorf.de/freibad | Mai–Anfang Sept. Mo–Fr 6.30–20.30, Sa/So 8–20.30 Uhr | 3,20 Euro, bis 17 Jahre 2,20 Euro, bis 12 Jahre 1,30 Euro)* mit 63-m-Rutsche über das *Eisstadion (Okt.–März Mo–Fr 9–13 und 14–17.30, niedersächsische Schulferien auch 9–13, Mo zusätzlich 18–20, Sa/So 10–13 und 14–18 Uhr | 5,50 Euro, bis 17 Jahre 3,50 Euro, bis 12 Jahre 3 Euro, Schlittschuhverleih 4,50 Euro)* mit 1880 m² Lauffläche bis zum *Alcino (alcino.de | Mi–Fr 14–19, Sa/So 10–19 Uhr | 6,50 Euro, Kinder 12 Euro)*, einem Tobeland, in dem sich Kinder (und Erwachsene!) u. a. auf Trampolinen, Klettervulkan, Rollenrutsche und an der Boulderwand vergnügen können.

AUSGEHEN & FEIERN

Kneipen ohne Sperrstunde und Konzerte in der *Ritterakademie (Am Graalwall 12 | die-ritterakademie.de)* oder Poetry-Slam, Comedy, Jamsessions z. B. im *Salon Hansen (Salzstr. 1 | salonhansen.com)* sind nur ein Auszug dessen, was Lüneburg in Sachen Feiern und Ausgehen zu bieten hat. Viele Kneipen konzentrieren sich in der Schröderstraße und am Stintmarkt. In beiden Straßen sitzt man auch draußen sehr lauschig auf den Terrassen, am Stintmarkt direkt über der Ilmenau auf einem Ponton oder an Tischen auf uraltem Kopfsteinpflaster. Im Sommer geht es hier zu wie in einem Bienenkorb und es herrscht geradezu südländisches Flair.

Stimmungsvoll und immer gut besucht ist das *Ochi's (Lüner Str. 6 | ochis-barcelona.de | So geschl.)*, eine katalanische Bar mit den besten Tapas der Stadt. Vorzügliche Drinks, laute Musik und Feierabendstimmung gibt es im Gewölbe des *Sa Bacca (Am Markt 4 | sabacca.com | So geschl.)*. Im *Beekays (Gummastr. 2 | Mo geschl.)* servieren drei Brüder, stets mit Hut, freundlich-charmant beste Cocktails bis morgens um 3.

Ein klasse Biergarten direkt an der Ilmenau ist *Schröders Garten (Vor dem Roten Tore 72b | tgl.)* mit Bootsverleih, Kinderspielplatz und gelegentlichen Open-Air-Konzerten. Eine lässige, bunte Meile ist die *Katzenstraße,* in der sich neben dem linksalternativen Infocafé *Anna & Arthur (anna-und-arthur.de)* das *Mosaique (mosaique-lueneburg.de)* etabliert hat; in dem Haus sorgt ein Zusammenschluss von Menschen verschiedener Kulturen für fröhlich-lebhaften Austausch, bei dem es mit Theater, Diskussionen, Konzerten immer um ein friedliches Miteinander in der Welt geht. Bei trockenem Wetter wird hier auch gern auf der Straße gecornert.

RUND UM LÜNEBURG

1 MARXENER PARADIES

17 km südwestlich von Lüneburg/ 20 Min. über Rettmer und die B 209

INSIDER-TIPP
Der Name ist Programm

Landschaftlich besonders reizvoll ist dieses echte Wanderparadies mit Heide, Wacholder und kleinen Gewässern 400 m links der Straße von Drögennindorf nach Marxen am Berge. G3

2 OLDENDORF/LUHE

20 km südwestlich von Lüneburg/ 25 Min. über Rettmer und die B 209

Kurz vor Amelinghausen lohnen zwei vorgeschichtliche Totenstädte einen Abstecher: Auf dem *Frühgeschichtlichen Gräberfeld Soderstorf (frei zugänglich)* an der kleinen Straße Wohlenbütteler Weg zwischen Soderstorf und Wohlenbüttel wurden zwischen einem Hügel- und einem Großsteingrab Reste eines Urnenfriedhofs aus der Eisenzeit rekonstruiert. Die *Oldendorfer Nekropole (2,5 km nördlich vom Zentrum, Zufahrt von der Straße Oldendorf–Marxen ausgeschildert | frei zugänglich)* ist mit ihrer Grab- und Megalithanlage aus der Jungstein- und Bronzezeit in einer von Wald umstandenen Heidefläche besonders attraktiv.

In Oldendorf selbst bekommst du im *Landgasthaus Tödter (Salzhausener Str. 11 | Tel. 04132 289 | landgasthaus-toedter.de | €€)* köstliche Heidschnucke oder Forelle aus eigener Zucht und zum Abschluss einen „Ködelköm" als Verteiler. Findest du heraus, woher die kleinen, schwarzen Beeren stammen, die in dem klaren Schnaps schwimmen? Wirklich von den Heideschafen, wie es die Wirtin glaubhaft versichert? In dem schönen Ambiente des Heidegasthofs, vor allem im Garten unter Obstbäumen, trinkst du glatt noch einen ... Und schlummerst anschließend in einem der schlichten Gästezimmer. Das unglaublich leckere Eis zum Nachtisch stammt vom *Hof*

Geschüttelt oder gerührt: In Sachen Cocktails gehört das Sa Bacca zu den ersten Adressen

Lübberstedt (Am Waldbad 10 | hofluebberstedt.de | Fr 9–17, Sa 9–14, April–Okt. bis 18, So 13–18 Uhr Kugeleisverkauf) etwas weiter nördlich in *Salzhausen,* auf dem aus eigener Milch, frischer Sahne und regionalen Früchten außer Eis auch noch Käse, Joghurt und andere Schlemmereien hergestellt werden. *G3*

3 AMELINGHAUSEN

20 km südwestlich von Lüneburg/ 25 Min. über Rettmer und die B 209

Der hübsche Ferienort (3800 Ew.) feiert jedes Jahr im August eine rauschende Heideblütenfestwoche. Mit Feuerwerk am Lopausee, Wahl des Heidebocks, einem großen Festumzug und dem Höhepunkt, der Krönung der Heidekönigin, ist der Ort dann Anziehungspunkt für Heidefans aus der gesamten Republik. Außerdem lässt es sich hier prima wandern, reiten und Rad fahren und es gibt einige interessante prähistorische Grabanlagen. Durch den Lopaupark, eine naturnahe Erholungsfläche mit verschiedenen Biotopen, geht man 1½ km zum lang gestreckten *Lopausee* mit Badestrand und Bootsverleih. Die hofeigene Reitschule des außerhalb gelegenen *Forstguts Rehrhof (Rehrhof 1–8 | Tel. 04132 9 12 20 | rehrhof.de)* bringt allen Altersstufen das Reiten bei. *G3*

4 SCHWINDEQUELLE

30 km südwestlich von Lüneburg/ 35 Min. über Amelinghausen

Eine der schönsten Quellen Norddeutschlands findest du, wenn du von der Straße Soderstorf–Schwindebeck am Ortsanfang von Schwindebeck rechts in die Straße Zur Schwindequelle einbiegst (Parkplatz nach 900 m). Wie in einem sandigen Kochtopf brodelt das mineralstoffreiche Wasser türkis, ockerfarben und rostrot – ein tolles Naturschauspiel mitten im Wald! In dem natürlichen Quellbecken von 30 m² Größe wirbelt das an vielen Stellen aus dem Waldboden sprudelnde Wasser feinen weißen Sand auf; man meint, vor Vulkanausbrüchen en miniature zu stehen. *F3*

INSIDER-TIPP
Naturidyll in Regenbogenfarben

5 BARDOWICK

7 km nördlich von Lüneburg/6 Min. mit dem Zug

Im Mittelalter ein bedeutender Handelsplatz, zeigt Bardowick (7000 Ew.) heute eine charmante Mischung aus mittelalterlichen Backsteingebäuden und bäuerlichen Höfen. Der Gemüsehandel spielt hier eine wichtige Rolle, an gefühlt jeder zweiten Hausecke gibt es frisches, handgezogenes Grünzeug zu kaufen. Einen Gang ins Mittelalter versprechen der Besuch des gotischen *Doms St. Peter und Paul (tgl. 9–16 Uhr)* und des *St. Nikolaihofs*, einer Spitalanlage aus dem 13. Jh. Eine alte Holländerwindmühle ist noch in Betrieb – das Mehl landet in köstlichen Broten und Kuchen, die du im Mühlenladen kaufen und im familienfreundlichen Mühlencafé verspeisen kannst: *Meyer's Windmühle (Mühlenstr. 36–38 | meyers-windmuehle.de | Mühle Di–Sa 9–18, Café Di–So 14–18 Uhr)*.

Am schönsten näherst du dich Bardowick von Lüneburg aus übrigens per Fahrrad auf dem alten Treidelweg entlang der Ilmenau, über den früher mit Salz beladene Schiffe auf ihrem Weg nach Lübeck getreidelt, also gezogen wurden. *H2*

INSIDER-TIPP
Treiben lassen auf dem Treidelpfad

6 SCHIFFSHEBEWERK SCHARNEBECK ★

10 km nordöstlich von Lüneburg/ 15 Min. über Adendorf

Der zweitgrößte Fahrstuhl der Welt bei Scharnebeck ragt schon von Weitem aus der Marschlandschaft empor. Mit seiner Hilfe überwinden die Schiffe auf dem 1976 in Betrieb genommenen Elbe-Seitenkanal in etwa drei Minuten die 38 m Höhendifferenz zwischen dem Wasserspiegel der Elbe und der Geest. Das *Informationszentrum am Schiffshebewerk (short.travel/luh9 | April–Mitte Okt. tgl. 10–18 Uhr | 3 Euro)* stellt die Technik und die Geschichte des Elbe-Seitenkanals ausführlich dar. Von der Aussichtsplattform lassen sich die Hebevorgänge gut beobachten.

500 m vom Hebewerk entfernt lädt der kleine *Inselsee* mit FKK-Bereich und Kiosk zum Schwimmen ein. Golffans können den Schläger auf *Schloss Lüdersburg (Lüdersburger Str. 21 | Tel. 04139 6 97 00 | schloss-luedersburg.de)* schwingen. Der Old Course und der Lake Course mit je rund 6 km Länge, Schnupperkurse und ein 4-Loch-Kurzplatz zum Probeabschlag bieten erstklassiges Golfambiente und jede Menge Kurzweil rund um den kleinen weißen Ball. *H2*

BAD BEVENSEN

(📖 J4) **Verstaubter Kurort? War gestern. Im Ort und in der Therme von Bad Bevensen (9400 Ew.) werden tatsächlich nicht nur ältere Kurgäste, sondern auch Kinder und junge Leute gesichtet.**

Die kleine Stadt in der östlichen Lüneburger Heide hat sich zum modernen Heilbad gemausert, in dem du besonders gut relaxen, etwas für deine Fitness und Gesundheit tun und kilometerweit Rad fahren oder walken kannst, ohne dir die Wege mit Hunderten anderen Menschen teilen zu müssen: Die Heideregion rund um Bad Bevensen und Uelzen hat die zweitniedrigste Bevölkerungsdichte Niedersachsens – hier gibt es verschwenderisch viel Platz. Das gilt auch für die Jod-Sole-Therme mit ihren weitläufigen Bade- und Saunalandschaften und vielen lauschigen Plätzchen zum Entspannen. Schlamm, Seifenschaum, heiße Steine und die berühmte Jodsole tun nicht nur der Haut gut, sondern auch Bronchien, Knochen und nicht zuletzt der Seele. In Bad Bevensen bekommst du nach wie vor erstklassige Kuranwendungen jeder Art, das hübsche Städtchen ist aber insgesamt eine Wohlfühlzone.

Am linken Ufer der Ilmenau liegt der alte Stadtkern mit Lokalen und kleinen Geschäften in der Fußgängerzone, die von Mai bis Oktober auch sonntags geöffnet sind. Nördlich des Kurparks schließen sich die Auen des Ilmenautals und ausgedehnte Wälder an – von hier aus geht es per Rad entlang der Ilmenau nach Lüneburg und weiter bis an die Elbe oder südlich bis nach Uelzen und Bad Bodenteich.

Wenn Schiffe Fahrstuhl fahren: Schiffshebewerk Scharnebeck

Freibadvergnügen rund ums Jahr: Die Jod-Sole-Quelle bei Bad Bevensen machts möglich

SIGHTSEEING

KURPARK ★

Hier kann man sich richtig was abgucken für den heimischen Garten und wer will, bekommt von der Kurparkgärtnerin Tipps obendrauf. Neben europäischen Gewächsen gibt es hier auch seltene Exemplare wie den Taschentuchbaum, aus dem im Mai Blüten in Form von Tempotaschentüchern quellen. Und im Herbst duftet es plötzlich nach Zuckerwatte: Dann verströmen die Kuchenbäume – die heißen wirklich so! – ihren wunderbaren Duft. Aber im Park geht noch mehr: Wassertreten in der Ilmenau, Qigong oder Walken mit anderen Gästen oder Chillen auf den Sonnenliegen, die im Park verstreut stehen. In besonderem Licht erscheint der Park während der *Kurparknächte*, bei denen er geheimnisvoll illuminiert wird und Kunst- und Kulturevents zum abendlichen Flanieren einladen. Und beim *Töpfermarkt* zaubert Keramik aus ganz Deutschland ein Meer bunter Farbtupfer in den Park.

INSIDER-TIPP
Nanu, ein Baum mit Schnupfen?!

ESSEN & TRINKEN

ANNO 1825

Inhaberin Petra Oelsner legt Wert auf frische, regionale Produkte – Grünkohl und Gans, Wild und Waldpilze – und hält eine Sonderkarte mit Neuland-Biofleisch von der Rinderleber bis zum Tafelspitz bereit. *Kirchenstr. 6 | Tel. 05821 24 55 | anno1825.de | tgl. | €–€€*

TORTENBAKKER

Hier möchte man Kuchen zum Frühstück, zu Mittag und zu Abend essen: Konditormeisterin Neele Lüchow zaubert Blaubeer-Cheesecake, Schokoladenwunder, Himbeer-Joghurt-Torte und vieles mehr auf den Teller. Aber es gibt auch kleine Gerichte und gute Weine in diesem relaxten, gemütlichen Café mit Terrasse zum Kirchplatz hin. *Lüneburger Str. 15 | Mo–Sa 10–17, So 13–17 Uhr | tortenbakker.de | €*

WELLNESS

JOD-SOLE-THERME ★ ☂

Die Sole prickelt auf der Haut und es sprudelt überall auf Sitznischen und Liegeflächen in den Schwimmbecken bei einer Temperatur zwischen 32 und 35 Grad und stimmungsvoller Beleuchtung am Abend. Und Wohltaten vollbringt sie nebenbei auch noch – für die Gesundheit musst du praktisch nichts tun, außer ins wohlig-warme Heilwasser zu steigen. Die Jodsole hilft bei verspannten Muskeln, Erkrankungen der Atmungsorgane, der Gelenke, bei Rheuma und vielen weiteren Übeln und auch die Psyche profitiert vom Sich-treiben-Lassen in den großen Außen- und Innenbecken. In der Saunalandschaft mit insgesamt zehn Schwitzräumen gibts Aufgüsse jeder Art. Die Terrasse der Salzsauna ist auf Stelzen gebaut, von hier aus schweift der Blick weit ins Grüne des Kurparks. Im Spa und Vitalcenter gibt es vom Rasul-Heilerde-Bad über Floating bis zu Hot-Stone- und Lomi-Lomi-Nui-Massagen diverse Verwöhnangebote. *Dahlenburger Str. 1 | jod-sole-therme.de | Mo–Sa 9–22, So 9–20 Uhr (bis auf Weiteres eingeschränkter Zugang zur Saunalandschaft wg. Umbauarbeiten) | Tageskarte 20 Euro, 2 Std. 12 Euro, Saunazuschlag 3 Euro*

INSIDER-TIPP
Wie ein privater Wellnessbalkon

SPORT & SPASS

Diverse *Fitnessangebote* finden im Kurpark (bei schlechtem Wetter im Kurhaus) statt. Mit Trainer Roland Kirchinger kannst du deine Rücken- und Bauchmuskeln stählen oder beim Nordic Walking die schönsten Ecken um Bad Bevensen erkunden. Monika Budig hat von einem indischen Arzt alles übers Lachen gelernt und verbindet ihr *Lachtraining mit Yogagymnastik. Yoga* ohne Lachen, aber trotzdem mit Spaß und Entspannung, gibts bei Fabienne Wollny. Von April bis Oktober geht es an je zwei Sonntagen *mit Alpakas auf eine Wanderung* durch den Kurpark. Wie von allein passt man sich beim Wandern den wolligen, sanftmütigen Tieren an. Infos zu allen Angeboten: *Tourist Information | Dahlenburger Str. 1 | Tel. 05821 97 68 30 | bad-bevensen.de*

KANU & STAND-UP-PADDLING

Das Heideflüsschen Ilmenau schlängelt sich zwischen Altstadt und Kurpark mitten durch den Ort. Auf der Altstadtseite gibt es einen Kanu, Tretboot- und Fahrradverleih. Auf der gegenüberliegenden Seite an der Kneipptretstelle lassen SUP-Fans gerne ihr Board ins Wasser. Wer über kein eigenes verfügt, kann eines in der nahen *Touristinfo (Dahlenburger Str. 1 | Tel. 05821 97 68 30 | bad-bevensen.de)* ausleihen oder eine Trainingsstunde buchen.

AUSGEHEN & FEIERN

Theater, Comedy und Musik im *Kurhaus (Dahlenburger Str. 1 | Tel. 05821*

97 68 30 | bad-bevensen.de), das sich ohne Plüsch und Kapelle, dafür aber mit allen technischen Finessen und einer Bühne präsentiert, die sich für Open-Air-Konzerte zum Kurpark hin öffnen lässt. Rock und Pop live, Ausstellungen, Lesungen und vieles mehr gibt es im *Vakuum (Am Bahnhof 2 | Tel. 0151 12 36 15 45).*

RUND UM BAD BEVENSEN

7 KLOSTER MEDINGEN

2 km nördlich von Bad Bevensen/ 30 Min. zu Fuß

Noch ein Kloster? Ja, und was für eins! Am nördlichen Ende des Bad Bevenser Kurparks beginnt dessen alter Teil, von wo aus es gut 2 km zu Fuß durch das Ilmenautal bis zum Kloster geht. Hier gibt es statt barocker Pracht oder gotischer Strenge zur Abwechslung mal ein Kloster im klassizistischen Stil zu sehen.

Helle Farben und klare Formen dominieren, z.B. drinnen im Festsaal und draußen am Flügelbau. Darunter mischen sich ein paar (spät-)barocke Elemente wie die rund gebaute Kirche und der Kirchturm mit trutziger, giftgrüner Haube. Der Festsaal erinnert an ein besonders schön und vornehm eingerichtetes großes Wohnzimmer. Am besten schaust du dir die Räume bei einer Führung an. *Klosterweg 1 | kloster-medingen.de | Zeiten und Führungen s. Website | 4 Euro | 1½ Std. | J3*

Im Hundertwasser-Bahnhof würde man sich auch über ein Gleis 9¾ nicht wundern

8 KLEIN BÜNSTORFER HEIDE

3 km südlich von Bad Bevensen/35 Min. zu Fuß

Warum ins ferne Naturschutzgebiet gurken, wenn ein schönes Fleckchen Heide doch so nah ist? In der Klein Bünstorfer Heide kannst du deinen Träumen von Wacholder, lila schimmerndem Heidekraut und Bienenstöcken nachhängen – und vor allem wandern und Rad fahren. *J4*

9 KLOSTER EBSTORF ☂

15 km westlich von Bad Bevensen/15 Min. über Barum

Nicht nur der Kreuzgang und wunderschöne Buntglasfenster sind in dem neben Wienhausen interessantesten Heidekloster zu bestaunen, sondern vor allem eine riesige Weltkarte. Diese bedeutendste und mit 13 m² größte mittelalterliche Weltdarstellung zeigt die Welt als Scheibe mit den damals bekannten Ländern, Jerusalem als Mittelpunkt und getragen von der Figur Jesu. Die Karte ist eine Nachbildung – das Original aus dem 13. Jh. war 1943 bei einem Bombenangriff verbrannt –, aber auch die kann sich sehen lassen und zeigt viel Liebe zum Detail.

Das Kloster selbst, um 1160 gegründet, ist seit 1529 evangelisches Frauenkloster. In der Klosterkirche sind das über 700 Jahre alte bronzene Taufbecken und die Renaissancekanzel besonders sehenswert, außerdem Madonnenstatuen und Standfiguren, die Christus, die Apostel und den Klosterpatron Mauritius darstellen. Und wie es sich für ein Heidekloster gehört, hat auch Ebstorf einen wunderschönen, friedlichen Klostergarten. *Kirchplatz 10 | kloster-ebstorf.de | nur im Rahmen von Führungen, Termine s. Website | 6 Euro | 1½ Std. | H4*

10 ELLERNDORFER WACHOLDERHEIDE

25 km südwestlich von Bad Bevensen/30 Min. über Ebstorf und Schwienau

In dieser schönen, ca. 70 ha großen Heide kannst du super wandern und in den Heideblütemonaten den Schäfer mit seinen Schnucken treffen. Man fährt entweder direkt bis zur Wacholderheide oder bis Eimke und wandert von dort bis in die Ellerndorfer Wacholderheide (20 km). Dort lädt in der Saison dann das *Café Zum Schafstall (Öffnungszeiten tel. erfragen | Tel. 0171 8 69 12 13)* zu Kaffee, Kuchen und kleinen Heidespezialitäten ein. *G4*

11 UELZEN

14 km südlich von Bad Bevensen/8 Min. mit dem Zug

Schöner als mit dem Auto erreichst du das Hansestädtchen – mit 33 000 Ew. die drittgrößte Stadt in der Heide – mit der Bahn, denn gleich bei der Ankunft begrüßt dich dann der kunterbunte, kugelige *Hundertwasser-Bahnhof (hundertwasserbahnhof.de | Führungen tgl. 11 Uhr | 3 Euro)* von Weltrang: Ende des 19. Jhs. gebaut, wurde er im Zuge der Expo 2000 nach Entwürfen des berühmten Malers und Architekten Friedensreich Hundertwasser umgestaltet. Bunte Säulen, goldene, kugelförmige Kuppeln und gewundene, farbenfroh geflieste Gänge und Fenster sorgen für gute Laune.

INSIDER-TIPP Eine runde Sache

Entlang des Wegs vom Bahnhof durch die Innenstadt zum Rathaus stehen 21 bis zu 3 m hohe Granitblöcke, die von der Künstlerin Dagmar Glemme mit farbigen Zeichen und Symbolen bemalt wurden *(uelzenwegdersteine.de)*. Indianerkunst und alte Mythen dienten ihr dabei als Inspirationsquelle. Ansonsten steht die Stadt nicht für Salz, sondern für Zucker, der in der Fabrik von *Nordzucker (An der Zuckerfabrik 1 | nordzucker.de | Führungen nach Anmeldung unter Tel. 0581 8 96 12)*, Uelzens wichtigstem Industriebetrieb, produziert wird. Ab Beginn der Zuckerrübenernte von Ende September an gibt es bis Mitte Januar kostenlose Werksführungen.

Die schönsten Fachwerkhäuser in der Innenstadt sind die nach einem Brand im Jahr 1647 wieder aufgebaute *Ratsweinhandlung (Bahnhofstr. 42)* mit ihren Renaissanceschnitzereien, das *Tuchmacherhaus (Bahnhofstr. 40)* aus der gleichen Zeit sowie der bereits 1594 entstandene Fachwerkbau in der Lüneburger Str. 34. Wertvollstes Stück in der dreischiffigen *Sankt-Marien-Kirche (Pastorenstr. | Ostern–Erntedank Mo–Sa 10–16.30, So 14.30–16 Uhr)* ist das in der Turmhalle ausgestellte *Goldene Schiff*, ein Tafelaufsatz aus vergoldetem Kupferblech mit Halbedelsteinen und Kameen, den ein norddeutscher Kaufmann im 14. Jh. aus London mitbrachte. Und ein schönes ⚑ Beispiel für den Baustil der Lüneburger Backsteingotik ist die im Pastorenweg gegenüber dem Portal der Kirche gelegene *Propstei*. *H–J4*

12 HÖSSERINGEN

35 km südwestlich von Bad Bevensen/ 35 Min. über Uelzen und Suderburg

Im ★ *Museumsdorf Hösseringen (Am Landtagsplatz | museumsdorf-hoesseringen.de | Mitte März–Okt. Di–So 10.30–17.30 Uhr | 7 Euro | 3 Std.)* zeigt sich die „steinreiche" Heide mit riesigen Findlingen; einen Eindruck vom bescheidenen, arbeitsreichen Lebensstil der Heidebauern kannst du dir in der Dauerausstellung verschaffen. Weidendes Vieh, knisternde Herdfeuer und eine Reihe von Gebäuden aus der Zeit zwischen 1600 und 1950 demonstrieren eindrucksvoll, wie man damals in der Lüneburger Heide lebte. Dreschen, Schmieden, Spinnen und Weben sicherten in früheren Zeiten den Heidjern das Überleben. Derlei Handwerk kannst du an diversen Aktionstagen auch selbst einmal ausprobieren.

Nach so viel körperlicher Arbeit kannst du es dir im ⚑ *Dorfcafé Alte Schule (Hinter den Höfen 7 | Tel. 05826 83 43 | dorfcafe-hoesseringen.de | Di–So 12–17.30 Uhr | €)* bei Kaffee und hausgebackenen Torten gutgehen lassen und in einem alten Klassenzimmer der früheren Dorfschule nach kulinarischen Heidesouvenirs und Spielzeug stöbern. *H5*

INSIDER-TIPP
Tante-Emma-Nostalgie im Dorfladen

13 BAD BODENTEICH

35 km südlich von Bad Bevensen/35 Min. über Uelzen

Der Ort lockt Sportliche mit Inlineskate-Rundkursen und Crossgolf und schrothen und kneippen kannst du in

Auf zu Lama und Landschwein: Ein tierisches Vergnügen ist die Nutztiersafari in Bad Bodenteich

dem Kurort auch. Die einstige *Wasserburg (Burgstr. 8 | burgmuseum-bodenteich.de | April–Sept. Sa/So 14–17 Uhr | 1 Euro | 1½ Std.)* eine halbe Autostunde südlich von Bad Bevensen sorgt heute mit Burgmuseum, Back- und Brauhaus und Robin-Hood-Kastell für allerlei Kurzweil. Außerdem ist sie Ort für Konzerte, Kreativkurse, das Burgspektakel und mittelalterliche Aktionstage wie das Robin-Hood-Turnier.

Eine Safari über die weiten Wiesen und entlang der Gehege und Stallungen des *Bioguts Bauck (Bergstr. 30 | Tel. 05824 23 46 | henning-bauck.de),* in denen sich Wasserbüffel, Elche, Bentheimer Landschweine und viele weitere Tiere tummeln, demonstriert eindrucksvoll, was artgerechte Nutztierhaltung vermag. Und das Fleisch auf dem Teller in der urigen Gaststätte *(€€–€€€)* darf mit Genuss verzehrt werden. J5

INSIDER-TIPP
Nutztiersafari auf dem Biogut

14 SUHLENDORF

25 km südöstlich von Bad Bevensen/ 25 Min. über Oetzen und Rosche

Die Attraktion des ruhigen Dorfs ist das Freilicht-*Handwerksmuseum (Mühlenweg 15 | handwerksmuseum-suhlendorf.de | Ostern–Okt. Di–So 10–17 Uhr | 4 Euro | 2 Std.)* am Mühlenberg. Es zeigt bei Aktionstagen, dass Berufe wie Töpfer und Schmied, Polsterer und Klempner, Uhrmacher und Weber nichts an Reiz eingebüßt haben. 24 Werk- und Arbeitsstätten sind zu besichtigen – spannend zu sehen, wie sich Handwerksberufe im Lauf der Zeit gewandelt haben! Zum Gelände gehört eine über 200 Jahre alte Bockwindmühle, die trotz ihres stattlichen Alters noch Korn mahlt. J-K5

INSIDER-TIPP
Alte Zünfte zum Anfassen

DER SÜDEN

NATURPARK SÜDHEIDE: KULTUR UND LANDLEBEN

Hach, diese Bilderbuch-Heidedörfer! Echt *hygge* mit ihren alten Hofanlagen, drum herum Wald, so weit das Auge reicht, und natürlich Heideflächen, die im August und September während der Heideblüte rosa und lila schimmern. Beispielsweise in Müden, einem echten Heide-Vorzeigedorf. Und wie im Märchen kommt der Wacholderwald bei Schmarbeck daher, der im Herbstnebel mit seinen knorrigen Wacholdern fast unheimlich wirkt.

An der Fassade des Celler Hoppener-Hauses sind jede Menge schräge Details zu entdecken

Größte Stadt im Süden ist Celle, die Stadt des Fachwerks und der Herzöge. Nördlich von Celle beginnt der Naturpark Südheide; darin verstreut liegen u. a. das Erdölmuseum Wietze – hier wurde tatsächlich ein Jahrhundert lang nach Erdöl gebohrt! – oder das Otterzentrum in Hankensbüttel, in dem du den kleinen Viechern quasi ins Wohnzimmer gucken kannst. Und wenn es als Kontrastprogramm dann mal etwas städtischer sein soll, machst du einen Abstecher in die Autostadt Wolfsburg.

DER SÜDEN

Eimke
Dethlingen
Bockel
6 Wietzendorf
Erinnerungsstätte Luftbrücke Berlin 1
2 Schmarbecker Wacholderwald
Müden
S. 66
Becklingen
55 km, 50 Min.
Nindorf
Bayen
Unterlüß
4 Hermannsburg
Lüßwald 3
5 Misselhorner Heide
Bergen
Beckedorf
Lohe
Gedenkstätte Bergen-Belsen 11
Eversen
Rebberlah
Meißendorf
Hassel
Örtze
Eschede 12
Scharnhorst
10 Meißendorfer Teiche
22 km, 25 Min.
Wolthausen
35 km, 40 Min.
Bannetze
9 Winsen (Aller)
Höfer
8 Wietze
Alvern
Aller
Celle
S. 70
Ovelgönne
Schlosstheater Celle
Lachte
Lachendorf
Wietze
NIEDERSACHSEN
Wienhausen 7
Kloster Wienhausen
Fuhrberg
Dasselsbruch
Nienhagen
Eicklingen
Langlingen
Ehlershausen
Bröckel
Fuhse
Großburgwedel
Hänigsen
Uetze
Erse
5 km
3.11 mi
Ohof
Burgdorf
Altwarmbüchen
7
3
71
191
214
188

MARCO POLO HIGHLIGHTS

★ **SCHLOSSTHEATER CELLE**
In Celle steht Deutschlands ältestes Barocktheater ➤ S. 74

★ **KLOSTER WIENHAUSEN**
Die Teppiche im Kloster Wienhausen – zur Ehre Gottes gestickt ➤ S. 74

★ **AUTOSTADT WOLFSBURG**
Erlebniswelten rund ums Auto ➤ S. 80

★ **MÜDEN (ÖRTZE)**
Ist das schön! Eine Heidedorf wie aus dem Bilderbuch ➤ S. 66

★ **INTERNATIONALES MÜHLENMUSEUM GIFHORN**
Viele Mühlen im Original – und dazu der kuriose „Glockenpalast" ➤ S. 78

★ **SCHMARBECKER WACHOLDERWALD**
Ein ganzer Wald voller dunkelgrüner, heidetypischer Gesellen ➤ S. 68

★ **OTTERZENTRUM HANKENSBÜTTEL**
Ein halber Tag bei Fischotter und Marder: „tierisches" Vergnügen für Groß und Klein ➤ S. 80

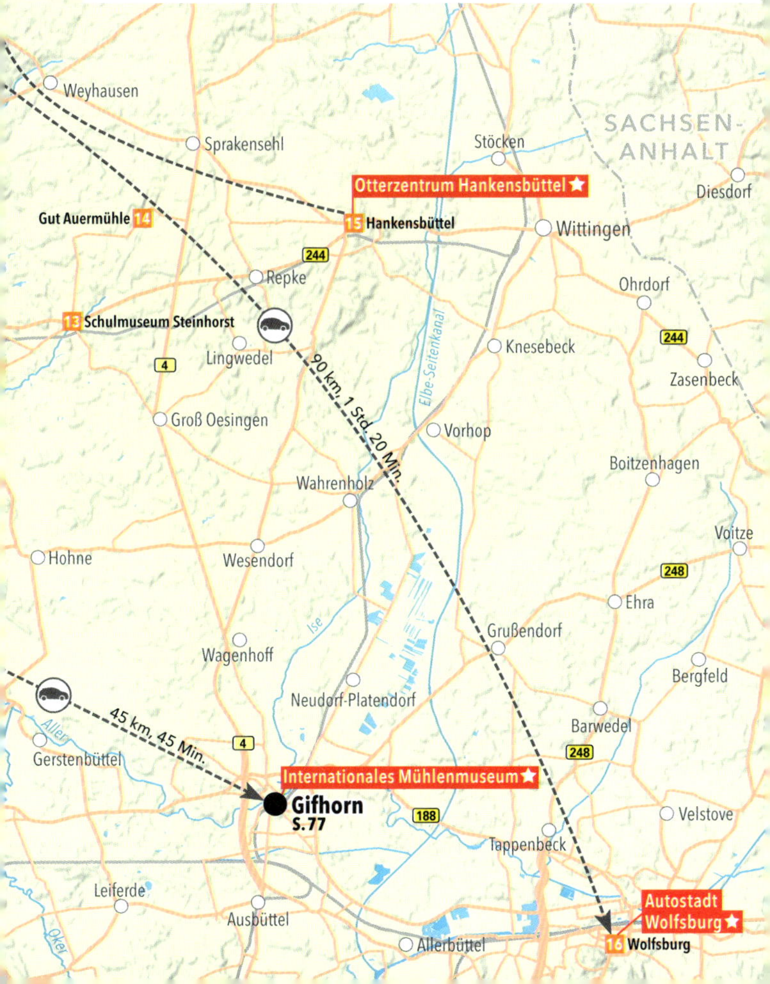

MÜDEN (ÖRTZE)

(◫ F5) **Ein kleiner Superlativ liegt am nordwestlichen Rand des Naturparks Südheide: Das Dorf ★ Müden (2000 Ew.) am Flüsschen Örtze ist mit seinen alten Höfen und Fachwerkhäusern, den knorrigen Eichen und dem Kopfsteinpflaster Heideromantik pur.**

Die alte *Sankt-Laurentius-Kirche* mit ihrem für die Heide typischen, frei stehenden hölzernen Glockenturm gehört ebenso zum Dorf wie eine historische *Wassermühle* – wer richtig romantisch heiraten möchte, findet hier einen passenden Rahmen. Das Dorf soll schon Heidedichter Hermann Löns als eines der schönsten in der ganzen Heide bezeichnet haben und die Örtze als „der Heide echtesten Fluss".

SIGHTSEEING

WILDPARK MÜDEN

Rehe und Wildschweine bekommen in dem kleinen Wildpark um 10.30 Uhr Futter, die Waschbären um 14 Uhr, um 16.15 Uhr sind die Elche an der Reihe. Der Falkner präsentiert seine Greifvögel in einer Schau um 12 und um 15 Uhr (nur von Mitte März bis Oktober). Auch für den daheim unerfüllbaren Wunsch nach einem Haustier findet sich hier ein Kompromiss: Für 25 Euro können Kinder die Patenschaft für ein Meerschweinchen oder Kaninchen übernehmen. *Heuweg 23 | wildparkmueden.de | März–Okt. tgl. 9–18, Nov.–Feb. 10–16 Uhr | 11 Euro, Kinder (3–15 Jahre) 7,50 Euro*

WIETZER BERG

Zu einem solchen Bilderbuch-Heideort gehört auch eine der schönsten Heideflächen überhaupt: An der L240 Richtung Hermannsburg erhebt sich sanft bis auf 102 m der Wietzer Berg, eine einstige Endmoräne, umgeben von Blütenfeldern und dunkelgrün leuchtenden Wacholdern. Ein Gedenkstein erinnert an Hermann Löns und auf den zweiten Blick sind einige prähistorische Hügelgräber, eingebettet in den Berg, zu erkennen. Einen wunderbaren Blick auf das Örtzetal gibt es noch dazu. Durch die Landschaft führen Rad- und Wanderwege, alle nur ein paar Kilometer lang; los gehts beim ausgeschilderten Parkplatz „Am Lönsstein" an der L240.

ESSEN & TRINKEN

NIEMEYER'S POSTHOTEL

Ein schöner Garten unter uralten Eichen, ein gut sortierter Weinkeller und beste regionale Küche in den *Schäferstuben* sorgen für Heideurlaubsfeeling. *Hauptstr. 7 | Tel. 05053 98900 | niemeyers-posthotel.de | Mo geschl. | €€€*

LANDHOTEL BAUERNWALD

Das Restaurant des ganz ruhig an der Sankt-Laurentius-Kirche gelegenen Hotels in einem Fachwerkhaus von 1840 hat viele regionale Spezialitäten auf der Karte, natürlich auch von der Heidschnucke. *Alte Dorfstr. 8 | Tel. 05053 98990 | landhotel-bauernwald.de | wechselnde Ruhetage | €€*

BAUERNCAFÉ OLE-MÜLLERN-SCHÜN

Schier unglaubliche Backwerke werden in diesem urigen Café mit Garten und Kinderspielplatz gezaubert, das vor über 1000 Jahren als Mühle gebaut wurde. Vor oder nach dem Schlemmen gönnt man sich eine Führung übers Gelände dieses ältesten Gebäudes in Müden. *Alte Dorfstr. 6 | Tel. 05053 94122 | ole-muellern-schuen.de | Di–So, Nov.–Feb. Fr–So 14–18 Uhr | €*

HOFFMANN'S BACKHUS

INSIDER-TIPP
Wacholder macht glücklich

Der Duft des Heidebrots von Bäcker Michael Hoffmann in Faßberg erfüllt ganze Räume. Lockerer Roggenteig mit eingebackenen frischen Wacholderbeeren, kräftige Kruste – nur noch Butter draufstreichen, fertig ist das unvergleichliche Heidepicknick. Friesche Torten und Kuchen gibt es auch. *Alte Dorfstr. 11*

SPORT & SPASS

PADDELN AUF DER ÖRTZE

Auf der Örtze lässt es sich traumhaft paddeln; eine Einstiegsstelle liegt direkt hinter der Wassermühle. Der Fluss musste nur wenige Eingriffe durch Menschenhand erdulden, die Strecke führt deshalb entlang schöner Flussschleifen, Steilhänge und Sandstrände. So viel Naturbelassenheit weiß auch die Tierwelt zu schätzen – mit etwas Glück begegnest du auf deiner Tour einem Eisvogel, Schwarzstorch oder Fischotter. Genug Wasser unterm Kiel muss sein beim Paddeln; angezeigt wird das durch einen Pegel am Fluss. Erlaubt ist das Paddeln von Mitte Mai bis Mitte Oktober. Boote kannst du z.B. bei folgenden Anbie-

Von Alpaka bis Zwergziege – und Rothirsche gibts natürlich auch: Wildpark in Müden

tern leihen: *Bootsverleih von der Ohe | Tel. 05055 8888 | bootsverleih-oertze.de; Gabys Bootsverleih Oertze | Tel. 05055 987045 | bootsverleih-gaby.de*

WALDSCHWIMMBAD HERRENBRÜCKE

Schönes, großes Bad an der Straße nach Faßberg mit 50-m-Bahnen, Sprungbrettern und viel Platz für Beachvolleyball, Boule und Tischtennis. *Müdener Weg 28 | fassberg.de | Mo–Fr 6–8 und tgl. 13–20, in den Ferien 11–20 Uhr | 4 Euro*

RUND UM MÜDEN

1 ERINNERUNGSSTÄTTE LUFTBRÜCKE BERLIN

6 km nordöstlich von Müden/25 Min. mit dem Rad

Von Faßberg starteten 1948/49 die „Rosinenbomber" nach Westberlin – so nannten die Berliner die Flugzeuge der Alliierten, die, mit Lebensmitteln, Medikamenten und Kohlen beladen, das Überleben der von der Sowjetunion blockierten Stadt sicherten. Daran erinnert die kleine Ausstellung. *Waldweg | luftbrueckenmuseum.de | Ostern–Okt. tgl. 13–17 Uhr | 4 Euro | G5*

2 SCHMARBECKER WACHOLDERWALD ★

9 km nordöstlich von Müden/10 Min. über Schmarbeck

Was wäre die Heide ohne Wacholder! Reichlich davon gibt es, waldartig und bei Nebel geradezu mystisch, im Schmarbecker Wacholderwald. Und weil Hügel in der Heide so selten sind, steht auf der höchsten Erhebung auf 92 m sogar ein Gipfelkreuz. Am ausgeschilderten Parkplatz Faßberg-Schmarbeck beginnen schöne Wanderwege. *G5*

3 LÜSSWALD

17 km östlich von Müden/20 Min. über Unterlüß

Hier stromerst du durch eine Art europäischen Urwald: Ein Teil des Walds ist ein sich selbst überlassenes Naturwaldreservat, Bäume dürfen hier so lange leben, wie sie wollen. In diesem Teil wird weder gepflanzt noch gefällt; wenn Bäume aus Altersschwäche umfallen, bleiben sie liegen und es dauert nicht lange, bis Hirschkäfer, Wildbienen und andere Tiere es sich darin gemütlich machen.

INSIDER-TIPP
Urwald in der Heide

Einige Wanderwege führen am Lüßwald entlang, Beginn und Ausschilderung ab dem Parkplatz „Lüßwald" an der L280 kurz hinterm Ortsausgang Unterlüß. *G5*

4 HERMANNSBURG

7 km südlich von Müden/30 Min. mit dem Rad

Die auffallend vielen Kirchen des beschaulichen Heideorts (8000 Ew.) sind auf seine Missionsgeschichte zurückzuführen: Hermannsburg ist Sitz des Evangelisch-Lutherischen Missionswerks, hier werden noch immer Missionare für ihren Einsatz in aller Welt ausgebildet. Erlebbar wird das Thema im nach dem Missionsgründer be-

Ideale Paddelgewässer: Heideflüsschen wie die Örtze

nannten *Ludwig-Harms-Haus (Harmsstr. 2 | ludwig-harms-haus.de)* mit Buchhandlung, Weltladen und *Café (Di–Sa 8.30–20, So 8.30–18 Uhr).*

Die kleine, schöne Heidefläche rund um den *Angelbecksteich* ist 1975 nach einem Brand entstanden. Sie ermöglicht auch geh- und sehbehinderten Menschen ein schönes Heideerlebnis: Auf ca. 1 km Länge führt ein barrierefreier Rundwanderweg um den See, gut per Rollstuhl befahrbar und mit einer Leitvorrichtung für Sehbehinderte versehen. Verstreut im Gelände stehen Informationstafeln zur Heideflora und -fauna; für Blinde wurde eine Zusammenfassung in Blindenschrift installiert. Folg dem an der L281 ausgeschilderten Parkplatz: Ca. 3 km nach dem Ortsausgang von Oldendorf Richtung Eschede geht es rechts ab. *F5*

5 MISSELHORNER HEIDE

10 km südlich von Müden/40 Min. mit dem Rad über Hermannsburg

Sie zählt zu den schönsten Heideflächen des Naturparks Südheide; am besten zu erwandern ist sie auf dem ca. 7,5 km langen *Heidepanoramaweg* (Start beim Parkplatz ca. 1,5 km vom Ortsausgang Hermannsburg). Der sanft hügelige Weg erlaubt immer wieder weite Blicke in die Täler, zum Beispiel vom *Eicksberg* aus 105 m Höhe ins *Tiefental* mit seinen Birken und Tannen. *F–G 5–6*

6 WIETZENDORF

15 km westlich von Müden/20 Min. über Reiningen und Reddingen

Hier gibts für draußen einen großen *Badesee* mit Sandstrand und für drinnen das subtropische *Südsee-*

Badeparadies (suedsee-camp.de | stark gestaffelte Zeiten und Preise s. Website) mit Wildwasserbahn, Riesenwellen, Palmen und echten Bananen. Ein Stück Heideromantik und Einblicke in das Leben der Heidjer vor 150 Jahren erlebst du auf dem *Peetshof (Über der Brücke 1 | peetshof-wietzendorf.de | Mai–Sept. Mi/Do 9.30–11.30, Do auch 15–17 Uhr | 2 Euro)*, einer großen Hofanlage mit Museum. Bei einem Rundgang zeigen alte Landwirtschaftstechnik, ein uralter Ofen, der noch heute leckere Brote und Kuchen backt, und viele weitere Ausstellungsstücke, was sie auch im Alter noch draufhaben. *🕮 F5*

CELLE

(🕮 F7) **Residenzstadt Celle – an dem noblen Namenszusatz sind die Herzöge von Braunschweig-Celle schuld, die von 1378 an fast drei Jahrhunderte lang ziemlich vornehm im Celler Schloss residierten.**

WOHIN ZUERST?

Vom kostenlosen Großparkplatz auf dem Schützenplatz gelangst du über die Hafenstraße in weniger als zehn Gehminuten zum **Schloss** oder zum **Rathaus**. Vom Bahnhof bringen dich verschiedene Buslinien zum **Schlossplatz**. Das dafür notwendige „Innenstadthüpfer"-Ticket erhältst du für 1,50 Euro beim Busfahrer.

Außer mit dem Schloss punktet die 70 000-Ew.-Stadt mit reichlich vorhandenem, schönem Fachwerk: Der Zweite Weltkrieg hat die Stadt zum großen Teil verschont, sodass die Altstadt mit ihren etwa 450 Fachwerkhäusern noch heute ein städtebaulich weitgehend geschlossenes Ensemble bildet. Im Süden und Westen wird es von zwei Parks flankiert. Sogar sprechende Laternen gibt es hier, die das Stadtgeschehen kommentieren und Passanten auch schon mal den kürzesten Weg zum Kino erklären. *Stadtführungen (Treffpunkt vor dem Schloss | celle-tourismus.de): Mai–Okt. und 1.–4. Advent tgl. 11, Nov. und April Sa/So 11 Uhr | 10 Euro*

SIGHTSEEING

SCHLOSS

Das Schloss mit echter Schneewittchen-Schlossküche und fürstlichen Gemächern zählt zu den schönsten in Norddeutschland. An den Kinderstationen erfährst du, warum ein König niemals auch nur lächeln durfte, und die Schlosskapelle zeigt sich – selten in Norddeutschland – in bester Renaissancemanier. 700 Jahre hat das Schloss auf dem Buckel, an die 300 Jahre war es Sitz des Adelsgeschlechts der Welfen. Deren berühmtester Vertreter heute ist Ernst August von Hannover, der, ja genau der, du weißt schon … Bis 1378 war das Schloss eine einfache Burg, erkennbar an der Wallanlage und den Wassergräben. Die Bauarbeiten zogen sich hin und so mischen sich spätgotische, barocke und Renaissanceelemente. *Schloss-*

Dicht beieinander: Bomann-Museum und Stadtkirche Sankt Marien

platz 1 | short.travel/luh7 | Mai–Okt. Di–So und 1.–3. Adventswochenende 10–17, Nov.–April 11–16 Uhr, Führungen s. Website | 8 Euro, mit Führung 9 Euro | 1½ Std.

KUNSTMUSEUM CELLE

Das 24-Stunden-Kunstmuseum lässt einen Teil seiner Werke erst richtig zur Geltung kommen, wenn es geschlossen ist: Bei Dunkelheit strahlt es in Lila, Orange, Blau, Grün … Und auch drinnen gibts tolle Lichtinstallationen und außerdem moderne und zeitgenössische Kunst zu sehen. *Schlossplatz 7 | kunst.celle.de | Di–So 11–17, Lichtkunst bis 22 Uhr | 8 Euro | 1½ Std.*

BOMANN-MUSEUM

Idyllisches Land- und Bauernleben? Nix da! Bäuerliche Entbehrungen und harte Arbeit einerseits, großbürgerliche Wohn- und Lebenskultur und aufstrebende Industrie andererseits – das und mehr zeigt das Bomann-Museum. *Schlossplatz 7 | bomann-museum.de | Di–So 11–17 Uhr | 8 Euro, Sa ab 13 Uhr frei | 1½ Std.*

STADTKIRCHE SANKT MARIEN

So wie sie gelebt hatten, ließen sich 17 Mitglieder des welfischen Herzogshauses in dieser ältesten Kirche Celles auch bestatten: fürstlich: Die prunkvollen Grabdenkmäler der Welfen sind in üppigem, verspieltem Barock gebaut, ebenso der Altar von 1613. Und wunderbar was auf die Ohren gibt es mit der restaurierten Barockorgel. Rauf auf den Kirchturm geht es über 234 Stufen; von da oben genießt du eine frische Brise mit Blick über die

Dächer. *An der Stadtkirche 8 | stadtkirche-celle.de | April–Okt. Di–Sa 10–18, Nov.–März 11–17 Uhr, So nach dem Gottesdienst, Turm ganzjährig bei gutem, frostfreiem Wetter Di–Sa 11–15.30, Fürstengruft Mi/Do 16 Uhr | Turm 2 Euro, Gruft 1,50 Euro*

HOPPENER-HAUS

Reptilien, Fratzen, diabolische und närrische Figuren – das Haus von 1532 ist mit seiner üppigen Fassade und unzähligen Ornamenten auf sechs Etagen wohl das prächtigste aller Fachwerkhäuser in Celle. Vor dem Haus stehen „Oma Lilo", der „Dicke" und andere sprechende Laternen, die sich miteinander über die Ereignisse der Stadt unterhalten *(tgl. 10–13 und 15–21.30 Uhr). Poststr. 8/ Rundestr.*

SYNAGOGE

Deutschlands älteste erhaltene Synagoge, 1740 erbaut, wurde in der Reichspogromnacht 1938 schwer beschädigt, aber nicht wie so viele andere jüdische Gotteshäuser vom Pöbel in Brand gesteckt: Man fürchtete ein Übergreifen des Feuers auf die ganze Altstadt. Männliche Gäste sollten eine Kopfbedeckung mitbringen. *Im Kreise 24 | Mo 10–17, Di–Do 9–17, Fr 9–16, So 15–17 Uhr | Eintritt frei*

INSTITUT FÜR BIENENKUNDE

Ein ganz besonderes Museum ist das Institut für Bienenkunde mit einem traumhaften Garten mitten in der Stadt. Gegründet wurde es 1927, um die Imkerei zu fördern, die mit dem Schwinden der Heideflächen zurückgegangen war. Der Garten ist öffentlich zugänglich und nichts für Insektenphobiker, aber für alle anderen ein kleines Naturmekka. Es summt und zwitschert, Obstbäume und Sträucher liefern den Bienen schmackhafte Nahrung. Den besten Blick auf das Treiben hat die aus Holz gehauene Celler Herzogin Eleonore d'Olbreuse, die als Bienenhotel dient. *Herzogin-Eleonore-Allee 5 | short.travel/luh6 | Bienengarten Mo–Do 9–17, Fr 9–12 Uhr | Eintritt frei*

NIEDERSÄCHSISCHES LANDGESTÜT

Eine dankenswerte Aufgabe war es für Kurfürst Georg II. von Hannover 1735, das Gestüt zu gründen: Damals wie heute kommen dabei nämlich edle Hannoveraner heraus, einer schöner als der andere, und 120 Deckhengste sorgen dafür, dass das auch so bleibt. Bei den Celler Hengstparaden im September haben alle ihren Auftritt, der Jungspund ebenso wie der Althengst, fein herausgeputzt, begleitet von Dressurvorführungen, historischen Kutschen und Gespannen. Schon toll, wenn da plötzlich eine Art römischer Streitwagen oder eine Ungarische Post um die Ecke biegt. Aber auch außerhalb der Hengstparaden lohnt ein Blick hinter die historischen Mauern des Gestüts. *Spörckenstr. 10 | landgestuetcelle.de | Mo–Do 8–12 und 13–16, Fr/Sa 8–12 Uhr | Eintritt frei.*

ESSEN & TRINKEN

THAERS WIRTSHAUS

Das helle, modern eingerichtete Lokal punktet mit leichter deutscher und internationaler Küche, originellen Flammkuchen und deftigen Brotzeiten. *Thaerplatz 1 | Tel. 05141 919423 | thaers.de | tgl. | €*

BIERAKADEMIE

INSIDER-TIPP
Das Carpaccio der Lüneburger Heide

Hier bekommst du deftige Gerichte sowie eine echte Celler Spezialität, die Rohe Roulade: fein geschnittenes, dünnes Rindfleisch, mit den Zutaten einer normalen Roulade gefüllt. *Weißer Wall 6 | Tel. 05141 23450 | bierakademie-celle.de | mittags und So geschl. | €€*

POSTMEISTER VON HINÜBER

INSIDER-TIPP
Weinselige Backsteinromantik

In den Backsteingewölben dieses Weinkellers sitzt man wie im Mittelalter. Die Weine – darunter ein gutzes Dutzend offene – stammen aus aller Welt, Brot und Entenschmalz sind hausgemacht. Die an regionaler und französischer Küche orientierte Karte wechselt wöchentlich. *Zöllnerstr. 25 | Tel. 05141 28444 | weinkeller-celle.de | So/Mo und außer Sa mittags geschl. | €€–€€€*

DAS ESSZIMMER

Leckere Schweinereien in edler Esszimmeratmosphäre oder auf der entzückenden Terrasse. *Hostmannstr. 37 | Tel. 05141 9777536 | dasesszimmer-celle.de | Mo/Di und außer So mittags geschl. | €€€*

ALLERKRUG

Kreativ zubereitete und präsentierte Gerichte – hier isst das Auge mit. Zur feinen, regionalen Küche in dem Fachwerkhaus im Ortsteil Altencelle gesellt sich eine gute Weinauswahl. *Alte Dorfstr. 14 | Tel. 05141 848 94 | allerkrug.de | Mi-Mittag und Mo/Di geschl. | €€€*

SHOPPEN

HUTH'S

Wie das duftet! Traditionsreiche Kafferösterei in historischem Gebäude, in der es neben 20 Kaffeesorten auch Tee, Schokolade, Gewürze, Konfitüren und noch viel mehr fürs Feinschmeckerherz gibt. *Großer Plan 7 | huthskaffee.de*

MARCHELLE

Treffpunkt zum Klönen, Kaufen und Probieren ausgesuchter Leckereien, z.B. die Ahle Wurscht, eine luftgetrocknete, fettarme Wurst von glücklichen Schweinen. Aber auch italienische Köstlichkeiten, Käse, Wein und köstliches Frühstück gibt es hier. *Mauernstr. 18 | marchelle.de*

SPORT & SPASS

BADELAND

Freizeitbad mit Whirlpools, sieben Badebecken drinnen und draußen, Saunabereich und Riesenrutsche. *77er Str. 2 | celler-badeland.de | stark gestaffelte Zeiten, Kernzeit tgl. 9.30–17.30 Uhr | Tageskarte 7,50 Euro, inkl. Sauna 17 Euro*

AUSGEHEN & FEIERN

SCHLOSSTHEATER CELLE ★

Welfenherzog Georg Wilhelm ließ sich während seiner Reisen in Frankreich und Italien vom verspielten Barockstil inspirieren: Das 1670–1675 in der zweiten Etage des Schlosses eingerichtete Theater ist eines der ältesten Barocktheater in Europa. Bis heute spielt hier ein 17-köpfiges Ensemble an nahezu jedem Abend. Mit seinem historischen Theatersaal im Barockstil und insgesamt vier Bühnen wird jede Aufführung ein besonderes Erlebnis. In der warmen Jahreszeit dient außerdem der idyllische Schlosshof als stimmungsvolle Kulisse. Karten gibts an der *Theaterkasse (Schuhstr. 46 | Tel. 05141 9050875). Schlossplatz 1 | schlosstheater-celle.de*

RUND UM CELLE

7 WIENHAUSEN

12 km südöstlich von Celle/15 Min. über Altencelle

Um es kurz zu machen: Das ★ *Kloster Wienhausen (An der Kirche 1 | kloster-wienhausen.de | stark gestaffelte Zeiten s. Website | 9 Euro | 1½ Std.)* darfst du einfach nicht auslassen. Es ist quasi der Höhepunkt an Kunstgenuss in der Lüneburger Heide. Das so Einzigartige an dem Kloster, das wie die anderen Heideklöster im Mittelalter gegründet wurde und noch heute von Stiftsdamen bewohnt wird, ist der Nonnenchor. Um 1335 wurde hier jeder Winkel ausgemalt und über und über mit Rankwerk, Szenen aus dem Leben

INSIDER-TIPP **Himmlische Bilder**

Christi und zwölf jahreszeitlichen Bildnissen ausgestattet. Hinzu kommen das Chorgestühl von 1280, wunderschöne Glasfenster, edle Wandteppiche und die ältesten erhaltenen Brillen der Welt.

Für noch mehr Kunsterlebnisse stattest du dem *Atelier von Heiner und Susanne Frede (Mühlenstr. 3 | atelierfrede.de)* in der Mühle nebenan einen Besuch ab: Radierungen, Schmuckschatullen und Tisch- und Wanduhren aus edlem Massivholz verführen zum Schwelgen und Kaufen. Alle anderen genießen im *Braugasthaus Mühlengrund (Mühlenstr. 1 | Tel. 05149 331 | braugasthaus-muehlengrund.de | Mo/Di und außer So mittags geschl. | €€)* mit lauschigem Biergarten regionaltypisches Essen. G7

8 WIETZE

18 km westlich von Celle/25 Min. über die B 214

Ein Hauch von Petroleum liegt in der Luft des beschaulichen Heidedorfs, auch Klein-Texas genannt: Es ist berühmt für seine Erdölvorkommen, die ab der ersten Bohrung 1858 in so rauen Mengen gefördert wurden, dass sie zeitweilig bis zu 80 Prozent der gesamten Inlandsnachfrage deckten. 1963 wurde die Förderung eingestellt. Das *Deutsche Erdölmuseum*

Nonnenchor im Kloster Wienhausen: überreicher Freskenschmuck aus dem 14. Jh.

(Schwarzer Weg 7–9 | erdoelmuseum.de | März–Juni und Sept.–Nov. Di–So 10–17, Juli/Aug. tgl. 10–18 Uhr | 6 Euro) mit riesigem Freigelände erinnert an diese Zeit – mit Bohrturm, original Förderanlagen und einer spannenden Ausstellung, bei der du auch mal selber Hand anlegen kannst.

Weniger technisch, dafür sehr romantisch geht es in der *Stechinelli-Kapelle (Stechinellistr. 12 | Innenbesichtigung nach Anmeldung unter Tel. 05146 25 16)* im Ortsteil Wieckenberg zu, einer der schönsten und originellsten Kirchen der Heide: Sie sieht von außen aus wie ein niedersächsisches Bauernhaus, drinnen aber gibt sie sich als kleines barockes Feuerwerk. Schau mal zur Decke: Hier wurden die 13 Kinder des Bauherrn in den Deckenmalereien verewigt. *E7*

9 WINSEN (ALLER)

15 km nordwestlich von Celle/15 Min. über die L 180

In dem alten, kleinen Heidestädtchen (13 000 Ew.) gibt es u. a. eine historische *Bockwindmühle* und einen spannenden *Museumshof (Brauckmanns Kerkstieg | winser-heimatverein.de | April–Okt. Mi und Sa, Juli/Aug. auch Fr 15–18, So 11–18 Uhr | 5 Euro)* mit Back- und Kutschenhaus, Treppenspeicher und historischem Bauernhaus. Richtig toll ist der *Aller-Radweg*, der entlang des nahezu naturbelassenen Flusses verläuft. Mit dem Kanu kannst du auf 15 km Länge bis nach Celle paddeln. Im wenige Kilometer entfernten Hornbostel vermietet der *Bootsverleih am Allerhorn (Dorfstr. 23 | Tel. 0177 3 69 61 12 | kanu-allerhorn.de)* Boote und hat Tourenvorschläge für die Heideflüsse Aller, Leine, Örtze & Co. *E7*

10 MEISSENDORFER TEICHE

25 km nordwestlich von Celle/30 Min. über Winsen

INSIDER-TIPP
Vogelhochzeiten en masse

An diesen Seen stehen die Chancen gut für ein Stelldichein mit Fisch- und Seeadler, Rohrdommel oder Fischotter. Die haben es gut hier, ebenso wie viele weitere Brut- und Rastvögel, Schmetterlinge, Libellen, Amphibien in diesem größten Seengebiet der Heide. Es entstand durch die Zusammenlegung mehrerer Fischteiche, die heute den *Hüttensee* bilden. Rund um den See geht es auf einem ca. 5 km langen Wanderweg – mit Aussichtsturm, von dem aus du, am besten mit Fernglas, die Tier- und Pflanzenwelt beobachten kannst.

Wer länger bleiben möchte, mietet sich im *Campingpark Hüttensee (Hüttenseepark 1 | Tel. 05056 94 18 80 | campingpark-huettensee.de)* ein und faulenzt im seeähnlichen Freibad mit Sandstrand. Auf *Gut Sunder (nabu-gut sunder.de | Zeiten s. Website)*, das dem NABU gehört, kannst du gemütlich Kaffee trinken oder an einem der Naturbeobachtungsangebote teilnehmen. *E6*

11 GEDENKSTÄTTE BERGEN-BELSEN

25 km nordwestlich von Celle/25 Min. über Winsen

Das Kriegsgefangenen- und spätere Konzentrationslager der Nationalsozialisten steht mit seinem prominentes-

Ergreifende Zeugnisse aus Deutschlands dunkelster Zeit: Gedenkstätte Bergen-Belsen

ten Opfer, Anne Frank, für die Gräueltaten des Hitlerregimes. Zwischen 1941 und 1945 starben hier ca. 70 000 Menschen. Eine Dauerausstellung mit vielen Leihgaben ehemaliger Gefangener, der Friedhof und die historischen Lagerstätten dokumentieren eindrucksvoll das Geschehene und auch die Folgen für die Überlebenden. *bergen-belsen.de | tgl. 10–17, April–Sept. bis 18 Uhr, Führungen auf Anfrage | Eintritt frei | 2 Std. | E6*

12 ESCHEDE

17 km nordöstlich von Celle/8 Min. mit dem Zug

Der Ort (3800 Ew.) wurde bundesweit durch das schwere ICE-Unglück im Juni 1998 bekannt. Am Unfallort, der Rebberlaher Brücke, ist eine bewegende Gedenkstätte mit 101 Kirschbäumen und einer 8 m langen Gedenkstele mit den Namen aller 101 Opfer entstanden. *short.travel/luh8 | G6*

GIFHORN

(H–J8) **Südlicher gehts nicht in der Heide. Gifhorn (42 000 Ew.) ist ein schönes Tagesausflugsziel oder Standquartier. Es liegt am Zusammenfluss von Ise und Aller und bietet mit Mühlenmuseum und Renaissanceschloss zwei lohnende Sehenswürdigkeiten. Und nach Wolfsburg ist es ein Katzensprung.**

SIGHTSEEING

ALTSTADT

Zwar nicht so viel Fachwerk wie in Celle, aber doch einige schöne verschnörkelte Häuser gibts hier zu sehen. U. a. das *Höfersche Haus* von 1570, das *Alte Rathaus* mit dem *Ratsweinkeller* von 1562 oder das *Alte Post Comtoir* lohnen einen kleinen Bummel durch die Altstadt. Im Stil der Weserrenais-

Zum Einkehrstopp beim Altstadtbummel verlockt der Ratsweinkeller in Gifhorn

sance wurde das *Kavalierhaus (Steinweg 3 | kavalierhaus-gifhorn.blogspot.com | So 15–17 Uhr | 2,50 Euro)* 1546 erbaut. In ihm ist heute das *EMMA – Museumswohnung im Kavalierhaus* untergebracht, ein Museum für bürgerliche Wohnkultur des 20. Jhs. Die letzte Bewohnerin, Emma Wrede, lebte bis 1992 hier und hatte in der Wohnung eine tolle „Lästerecke" – so nannte sie den erhöhten Erker im Wohnzimmer, der mit seinen Rundumfenstern einen perfekten Blick auf die Straße freigibt. Ein echter Meilenstein im wörtlichen Sinn steht direkt vor dem Kavalierhaus: Hier kreuzten sich im Mittelalter zwei wichtige Handelsstraßen, die Salzstraße von Lüneburg nach Braunschweig und die Kornstraße von Celle nach Magdeburg.

INSIDER-TIPP
Lästern, bis der Arzt kommt

HISTORISCHES MUSEUM SCHLOSS GIFHORN

In dem von einem Wassergraben umgebenen Welfenschloss aus dem 16. Jh. kannst du beim Anblick edler Gläser und Keramiken sowie prachtvoller Ofenkacheln schwelgen – das Museum präsentiert höfische Lebensart, aber auch prähistorische Sammlungen und eine Abteilung für städtebauliche Entwicklung. Angeschlossen ist eine *Schlosskapelle* von 1547. Nach der Besichtigung kannst du es den Einheimischen gleichtun und auf der Schlosswiese picknicken. *Schlossplatz 1 | museen-gifhorn.de | Di–Fr 14–17, Sa/So 11–17 Uhr | 3,50 Euro | 1 Std.*

INTERNATIONALES MÜHLENMUSEUM ★

Auf einem riesigen Freigelände verstreut stehen Wind- und Wassermühlen, griechische, asiatische und don-quichotte-mäßige. Sie wurden seit 1980 in Privatinitiative mit großem Aufwand nachgebaut oder als geschenkte Originalmühlen hier aufgestellt. Darunter sind Schmuckstücke wie eine 300 Jahre alte Tiroler Wassermühle, eine russische Bockwindmühle und die historische Mühle von Sanssouci in Potsdam. In einer Halle zeigen über 40 weitere, im Maßstab 1:25 nachgebaute Mühlen Funktionen und Technik dieser ältesten Maschine der Welt. Superleckere Brote und Kuchen gibt es in der Trachten- und Backstube auf dem sogenannten Dorfplatz. Wie eine Fata Morgana erhebt sich auf dem Mühlengelände außerdem der *Glockenpalast,* eine bauliche Mischung aus zeitgenössischer Kunst und russischer

Folklore, der traditionelles osteuropäisches Handwerk fördern will. Drinnen gibt es eine riesige Glockengießerwerkstatt und ein Modell der Arche Noah zu sehen. *Bromer Str. 2 | muehlenmuseum.de | Mitte März–Okt. Di–So 11–17 Uhr | 12 Euro | 2 Std.*

ESSEN & TRINKEN

SCHLOSSRESTAURANT ZENTGRAF

Hier speist du fürstlich in ebensolchen Räumen, z. B. in der Orangerie oder in der Bastion mit Glaskuppel mit Blick auf den Schlossgraben. *Schlossplatz 1 | Tel. 05371 86 66 55 | schlossrestaurant-zentgraf.de | Mo/Di geschl. | €€€*

PAULA'S BRASSERIE

Direkt an der Aller und in der Innenstadt gelegen, gibt es hier Burger, Flammkuchen, aber auch Vegetarisches auf der großen Terrasse zu genießen. *Steinweg 21–25 | Tel. 05371 7 59 14 12 | paulas-gifhorn.de | So/Mo geschl. | €*

AL-DAR

Allein schon an den köstlichen Mazza, den vielen kleinen Vorspeisen, möchte (und kann) man sich in dem syrischen Lokal satt essen. Als Hauptgerichte gibt es Lamm und Hühnchen, aber auch Vegetarier finden eine reiche Auswahl. *Braunschweiger Str. 117 | Tel. 05371 58 94 00 | aldar.de | Mo geschl. | €–€€*

SPORT & SPASS

Haufenweise Badeseen gibt es in der Lüneburger Heide nicht gerade, gleich zwei findest du aber ca. eine Viertelstunde per Auto von Gifhorn entfernt. Sommerstimmung herrscht am *Tankumsee (Zufahrt in Isenbüttel an der Straße Gifhorn–Fallersleben ausgeschildert)* 8 km östlich, der mit 1000 m Sandstrand, Spielplätzen, Wasserrutschen, Tretbooten und mehr alles bietet, was man von einem ordentlichen Badesee erwarten kann. Gleiches gilt für den *Bernsteinsee* in Sassenburg-Stüde, der außer mit Wassersportattraktionen auch mit Adventure-Golf, Bogenschießen und weiteren Freizeitaktivitäten lockt. Ein beheiztes *Frei- und Hallenbad* gibt es direkt in Gifhorn in der Nähe des Schlosssees.

RUND UM GIFHORN

13 SCHULMUSEUM STEINHORST

28 km nordwestlich von Gifhorn/ 25 Min. über die B 4

Als der Füller noch Griffel hieß und Mädchen Handarbeitsunterricht hatten: Die Entwicklung des Schulwesens wird anschaulich in einem Fachwerkbauernhaus aus dem 17. Jh. gezeigt. *Marktstr. 20 | museen-gifhorn.de | Mi–Sa 14–16, So 11–17 Uhr | 3 Euro, Kinder ab 12 Jahre 1,50 Euro |* *H6–7*

14 GUT AUERMÜHLE

35 km nördlich von Gifhorn/30 Min. über die B 4

Jetzt wird es spannend: In einem kleinen Wald bei Gut Auermühle hatte die Familie Beindorff, Inhaber der Peli-

INSIDER-TIPP
Bizarres Grab der Füllfeder-Familie

kan AG, ihren Sitz. **Für Fans von Lost Places ist hier das *Pelikan-Mausoleum* – die 1931 errichtete Grabanlage der Familie Beindorff – zu entdecken.** Über die imposante Granitanlage wachen tatsächlich mächtige steinerne Pelikane. *H6*

15 HANKENSBÜTTEL

35 km nördlich von Gifhorn/30 Min. über Wesendorf

Von ihrer sympathischen, verspielten Seite zeigen sich Fischotter, Iltis, Dachs, Stein- und Baummarder im ★ *Otterzentrum Hankensbüttel (Sudendorfallee 1 | otterzentrum.de | Feb./März und Nov. tgl. 9.30–17, April–Okt. 9.30–18 Uhr | 12 Euro, Kinder 4–17 Jahre 7,50 Euro | 2–3 Std.).* Was Otter & Co. schützens- und liebenswert macht, zeigt dieses schön angelegte Naturerlebnisgelände, auf dem man sich locker einen halben oder auch einen ganzen Tag lang tummeln kann. Fütterungen, Beobachtungsstationen und Otterpfade auch außerhalb des Zentrums laden zum Erkunden des Lebensraums des Fischotters und seiner Artgenossen ein.

Mehr geistlich als tierisch geht es im *Kloster Isenhagen (Klosterstr. 2 | kloster-isenhagen.de | Führungen April–Mitte Okt. Di–So 14.30–17 Uhr | 5 Euro | 1–1½ Std.)* am Ortsrand von Hankensbüttel zu. Der wunderschöne Kreuzgang, das älteste deutsche Lesepult und tolle spätgotische Schnitzereien am Altar der Klosterkirche sind nur ein Teil des kostbaren Innenlebens – deshalb darf es hier nicht fehlen. *J6*

16 WOLFSBURG

25 km östlich von Gifhorn/13 Min. mit dem Zug

Mag das Erfolgsmodell VW auch in Verruf geraten sein, der Attraktivität der Volkswagen-Stadt (125 000 Ew.) als Ausflugsort hat es nicht geschadet. Sie wurde erst 1938 gegründet und natürlich dreht sich hier vieles ums Auto. Wenn du aber erst mal die Sehenswürdigkeiten unter die Lupe nehmen willst, die nichts mit Karosserien und PS zu tun haben, wirf einen Blick ins *Kunstmuseum (Hollerplatz 1 | kunstmuseum-wolfsburg.de | Di–So 11–18 Uhr | 12 Euro).* Es ist wie eine Glasloggia gebaut und bietet neben einer kleinen Sammlung zeitgenössischer Kunst viel Platz für moderne Klassiker. Mehr als 700 Jahre alt ist das *Schloss,* das zunächst Rittersitz war und sich seit einem Umbau 1600 als ansehnliches Renaissanceschloss präsentiert.

Ein echter Besuchermagnet ist die ★ *Autostadt Wolfsburg (autostadt.de | tgl. 10–18 Uhr | 15 Euro),* die auf einem großen Parkgelände mit Seen, gläsernen Pavillons, Restaurants und 360-Grad-Kinos vielerlei Einblicke in die Welt der Autos und des VW-Konzerns gibt. Auf dem *Geländeparcours (tgl. 9–17 Uhr | ab 35 Euro | Anmeldung erforderlich)* kannst du deine Fahrtüchtigkeit testen, z. B. mit einem Touareg eine Treppe rauffahren oder einen Hügel mit 60 Prozent Steigung erklimmen. Dazu gibt es immer wieder saisonale Geschichten: Winterland mit Budenzauber, „Moviementos"-Filmwochen, Konzerte, Angebote für Kinder und, und, und.

Zeithaus in der Autostadt Wolfsburg: ein Parcours durch die Ahnengalerie des Kraftfahrzeugs

Im Dreisternetempel *Aqua (Parkstr. 1 | Tel. 05361 60 60 56 | restaurant-aqua.com | So–Di und mittags geschl. | €€€)* im Luxushotel Ritz-Carlton kommen Gourmets auf ihre – allerdings beträchtlichen – Kosten. Wer weniger ausgeben möchte, hat die Wahl zwischen weiteren acht Lokalen. Gleich gegenüber liegt das Experimentiercenter *Phaeno (Willy-Brandt-Platz 1 | phaeno.de | Di–Fr 9–17, Sa/So, niedersächsische Schulferien tgl. 10–18 Uhr | 15 Euro, Kinder 6–17 Jahre 10 Euro | 3 Std.).* Hier kann sich der Nachwuchs – und nicht nur der – bei phantasievollen und ausgefallenen Versuchen an über 350 interaktiven Experimentierstationen austoben.

INSIDER-TIPP
Physik kann Spaß machen!

Im *Planetarium Wolfsburg (Uhlandweg 2 | planetarium-wolfsburg.de | Terminprogramm s. Website | 8,50 Euro, Kinder 6 Euro)* können ältere Kinder beginnen, das Universum zu verstehen. Achterbahn im Weltall, das kleine Einmaleins der Sterne, Rockmusik unterm Sternenhimmel sind nur ein paar Beispiele aus dem Programm. Wolfsburgs Dorado für Sportliche ist der *Allerpark (allerpark-wolfsburg.de)* mit zwei Seen. Ein *Badeland* mit allem Drum und Dran – Wakeboarding, Klettergarten, Eisarena, Segwayverleih usw. – bietet Spaß und Sport für alle Altersklassen.

Schnäppchenjäger steuern die zwei Schiffen nachempfundenen Stahl-Glas-Konstruktionen der *Designer Outlets Wolfsburg (An der Vorburg 1 | designeroutlets-wolfsburg.de | Mo–Sa 10–20 Uhr)* an: Bis zu 70 Prozent reduziert sind Artikel der Vorsaison, Bestände aus Musterkollektionen und 1-b-Ware vieler Labels aus den Bereichen Mode, Haushalt, Uhren, Schmuck. J–K8

DER WESTEN

LILA TRÄUME IM WEITEN WESTEN

Im Herzen der Heide im und um das Naturschutzgebiet sieht die Heide tatsächlich so aus, wie sie sich fast jeder vorstellt: Zwischen Wilsede und Bad Fallingbostel wird es bilderbuchmäßig heideheimelig – mit Schnucken, Schäfern und weiten Heideflächen präsentiert sich die Lüneburger Heide hier wie im Werbeprospekt. Typisch für die Landschaft sind auch schöne Moorgebiete wie das Pietzmoor bei Schneverdingen oder der Grundlose See nördlich von Walsrode – mit leichtem Gruseleffekt an nebligen Herbsttagen. Als

Besonders suggestiv im fahlen Licht der Dämmerung: Heideblüte bei Wilsede

schönste Flusslandschaft der westlichen Heide gilt das Böhmetal im Abschnitt zwischen Dorfmark und Bad Fallingbostel.
Neben viel Natur ziehen ungewöhnliche Kunstprojekte wie die „Kunst-Landschaft" im Schnuckendorf Neuenkirchen oder die Kunststätte Bossard bei Jesteburg ebenso Besucher an wie die vielen Parks: frei lebende Wildtiere im Serengeti-Park in Hodenhagen, Geschwindigkeitsrausch und Nervenkitzel im Heidepark-Resort und schillernde Exoten im Weltvogelpark Walsrode.

DER WESTEN

MARCO POLO HIGHLIGHTS

★ **WILDPARK LÜNEBURGER HEIDE**
Ein tolles Ziel für einen ganzen Tag und auch für Erwachsene ohne Kinder interessant ➤ S. 95

★ **WELTVOGELPARK WALSRODE**
Vögel aus aller Welt zum Greifen nah in Volieren, Flughallen und im Freigelände ➤ S. 87

★ **PIETZMOOR**
Auf Bohlenwegen und Knüppeldämmen spazierst du durchs schönste Moor der Heide ➤ S. 98

★ **TOTENGRUND & STEINGRUND**
Inbegriff der Heidelandschaft ➤ S. 102

★ **WILSEDER BERG**
Der höchste Heide-„Gipfel" ➤ S. 102

★ **HEIDEPARK-RESORT**
Die Heide kann nur gemächlich? Von wegen: von 0 auf 100 in 2,4 Sekunden – mehr als ein Vergnügungspark ➤ S. 96

★ **KUNSTSTÄTTE BOSSARD**
Ein kaum bekanntes Gesamtkunstwerk ➤ S. 100

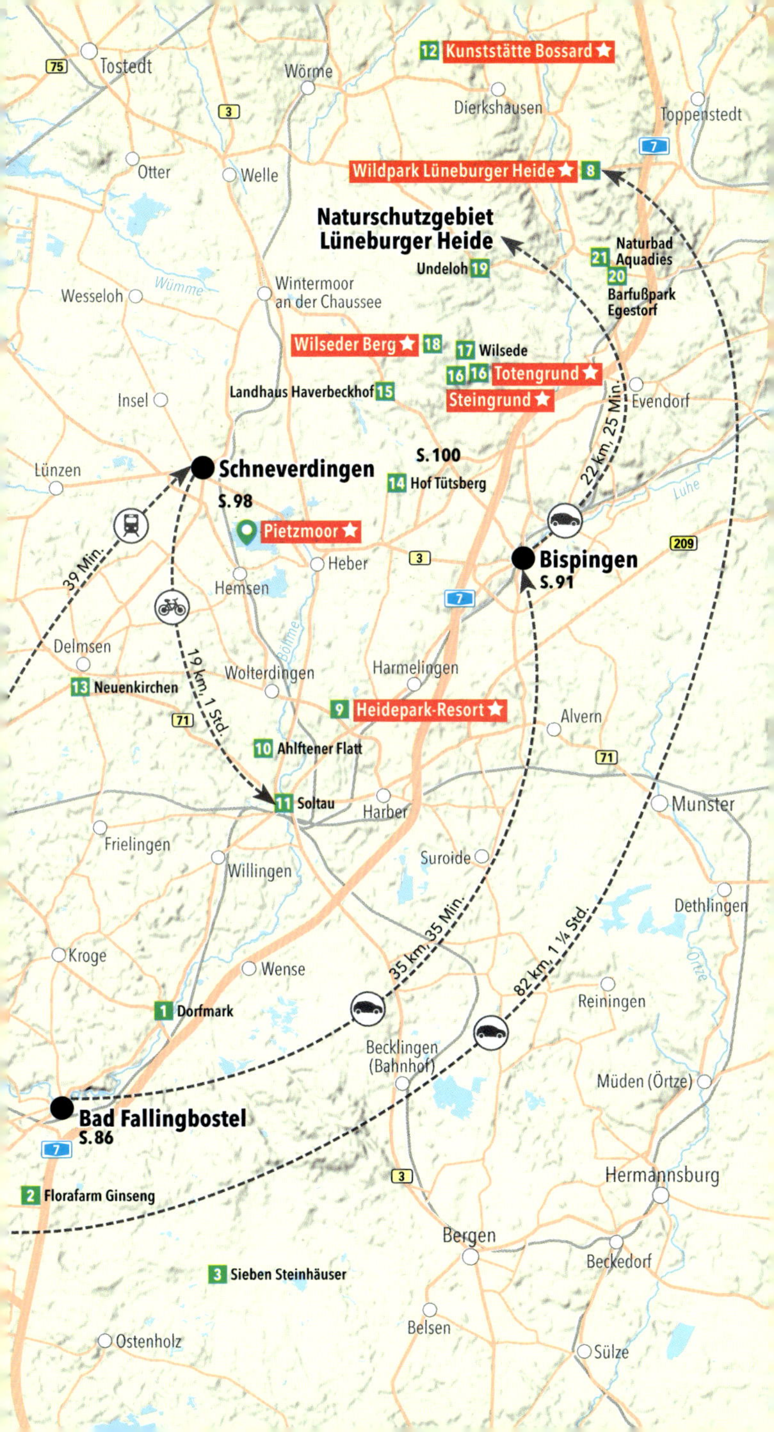

12 Kunststätte Bossard
Tostedt
Wörme
Dierkshausen
Toppenstedt
Otter
Welle
Wildpark Lüneburger Heide 8
Naturschutzgebiet Lüneburger Heide
Naturbad Aquadies 21
20 Barfußpark Egestorf
Undeloh 19
Wümme
Wesseloh
Wintermoor an der Chaussee
Wilseder Berg 18
17 Wilsede
16 16 Totengrund
Steingrund
Evendorf
Insel
Landhaus Haverbeckhof 15
22 km, 25 Min.
Lünzen
Schneverdingen
S. 98
S. 100
14 Hof Tütsberg
Luhe
39 Min.
Pietzmoor
Heber
Bispingen
S. 91
Hemsen
Böhme
Delmsen
19 km, 1 Std.
Wolterdingen
Harmelingen
13 Neuenkirchen
9 Heidepark-Resort
Alvern
10 Ahlftener Flatt
11 Soltau
Harber
Munster
Frielingen
Suroide
Willingen
Dethlingen
35 km, 35 Min.
82 km, 1 ¼ Std.
Örtze
Kroge
Wense
Reiningen
1 Dorfmark
Becklingen (Bahnhof)
Müden (Örtze)
Bad Fallingbostel
S. 86
2 Florafarm Ginseng
Hermannsburg
Bergen
Beckedorf
3 Sieben Steinhäuser
Belsen
Ostenholz
Sülze

In Sachen Schnabellänge Rekordhalter im Weltvogelpark: der Rote Ibis

BAD FALLINGBOSTEL & WALSRODE

(📖 D5) **Eine Vielzahl an Ausflugs- und Freizeitmöglichkeiten und der weltgrößte Vogelpark kennzeichnen die beiden familiären Orte Bad Fallingbostel (12 000 Ew.) und Walsrode (30 000 Ew.), die reizvoll im Tal des Flüsschens Böhme und zugleich in Nähe der A 7 liegen und damit sehr gut zu erreichen sind.**

Walsrode ist die attraktivere Einkaufsstadt, Bad Fallingbostel ein familienfreundlicher Heideort. Der Kurpark ist eine Oase direkt am Böhmeufer mit Sportparcours, Kräutergarten, Minigolf, Barfußpfad und Bootsverleih – und herrlich zum Rumtrödeln mit Kids.

SIGHTSEEING

KLOSTER WALSRODE

Es gibt kaum ein Heidekloster, in dem es nicht irgendwann gebrannt hat. Auch in diesem ältesten der sechs Heideklöster (schon 986 erstmals urkundlich erwähnt) fielen zahlreiche Kunstschätze 1482 einem Großbrand zum Opfer. Vieles ist jedoch erhalten geblieben oder zwischen 1720 und 1780 neu errichtet worden. So z. B. die wunderschönen farbigen Glasmalereien in den Fenstern der Klosterkirche – es sind Originale vom Ende des 15. Jhs. – und die schöne barocke Innenausstattung. Außerdem ist im Kloster ein 500 Jahre altes, ganz besonderes Christkind zu Hause, Bambino genannt. Es ist aus Holz geschnitzt und im Gegensatz zu vielen anderen Christusfiguren bekleidet. Mit dem fein modellierten Gesicht und dem bodenlangen Gewand aus purpurnem Samt, das mit Goldbrokat und Flussperlen aus dem Ilmenautal bestickt ist, thront es geradezu königlich in einer Nische der Kapelle. Draußen lockt ein parkartiger Klostergarten mit Obstbäumen, Kräutergarten und Friedhof mit alten Grabinschriften. Geh auch einmal ganz ums Kloster herum, um die Landschaft von Klostersee und Böhmetal zu genießen. *kloster-walsrode.de | nur im Rahmen von Führungen, Termine s. Website | 4 Euro | 1½ Std.*

HEIDEMUSEUM RISCHMANNSHOF

Treppenspeicher, Bienenzaun, Ziehbrunnen, Schmiede und vieles mehr gehören zu dieser Hofanlage, die das Wohnen und Arbeiten der Heidjer in der Zeit ab dem 17. Jh. zeigt. Donnerstags beim Backtag gibts köstlichen Butterkuchen frisch aus dem Holzofen im Backhaus. *Walsrode | Hermann-Löns-Str. 8 | heidemuseum-walsrode.de | April–Nov. Mi–Sa 10–12.30 und 13–17, So 13–17 Uhr | 2,50 Euro*

WELTVOGELPARK WALSRODE ★

Eine der Heideberühmtheiten mit schillernden Bewohnern! Unter den 675 Vogelarten des Parks sind ein paar ganz besondere Exemplare: der Andenkondor, der mit 3,20 m die größte Flügelspannweite der Welt besitzt, bedrohte Vogelarten wie Schneekraniche und Riesenadler, aber auch Pinguine, Loris und Graupapageien, die kreischend in den Bäumen des Parks hocken. Über 4000 Vögel leben hier wie in einer ständigen Landesgartenschau: Rhododendren, bunte Tulpenfelder und zahlreiche Dahlien- und Rosenbeete sind so arrangiert, dass zu jeder Jahreszeit Blühendes ins Auge fällt. Natürlich gibt es auch Flugshows, Fütterungen und vieles mehr. *weltvogelpark.de | Mitte März–Okt. tgl. 10–17/18/19 Uhr | 27,90 Euro, Kinder (3–12 Jahre) 22,90 Euro | 4 Std.*

TIETLINGER WACHOLDERHAIN

Knorrige, windschiefe Wacholder und silbrig schimmernde Birken auf weiten Heideflächen in dem Hain zwischen Walsrode und Bad Fallingbostel, mittendrin das *Grab des Heidedichters Hermann Löns* – mehr Heideromantik geht fast nicht. Entsprechend beliebt sind das Grab und das benachbarte Löns-Denkmal als Wanderziel.

ESSEN & TRINKEN

MOCCAMOOR

In dem gemeinsam von Behinderten und Nichtbehinderten betriebenen Café wird das Frühstück auch mal zum Spätstück, denn hier gibts Croissants, Müsli, Lachs & Co. den ganzen Tag über. Außerdem kannst du dir Kuchen und Kaffee aus der eigenen Rösterei schmecken lassen. *Walsrode | Moorstr. 36 | Tel. 05161 7889625 | moccamoor.de | Mo–Fr 9–18, Sa 9–13 Uhr | €*

ZAUBERKESSEL

Kultige mittelalterliche Schenke, auf der Karte stehen Met oder Schlehenwein. Die Schankweiber servieren dir aber auch neuzeitliche Getränke und zum Essen ausschließlich Veganes, nach dem Motto „So ward auch zur Mittelalterzeit das Fleisch beim Volk nur Seltenheit". *Walsrode | Bergstr. 12 | Tel. 05161 609757 | zauberkessel-walsrode.de | Mi, Fr, Sa 17–22 Uhr | €*

HÜNZINGER BRAUHAUS & HOTEL FORELLENHOF

Keine Massenbierhaltung, sondern hausgemachte Biere, die nicht filtriert werden – zum Schlürfen und Selberbrauen bei der *Brauerei Schnuckenbräu (Hünzingen 3 | Tel. 05161 970144 | schnuckenbraeu.de | So geschl.)* oder als Getränk im *Hotel Forellenhof (Walsrode-Hünzingen | Tel. 05161 9700 | forellenhof.de | tgl. | €€€)* direkt nebenan, wo du von fangfrischen Forellen über Wild bis zu vegetarischen Gerichten alles bekommst, was die saisonale Heideküche so hergibt.

SHOPPEN

HEIDEWACHS-ZIERKERZENFABRIK

Hier werden Kerzen aller Art gegossen, eingefärbt und geschnitzt – Kerzentiere, Kerzenschmuck, Kerzen mit Fotos drauf, Wachsbücher ... Schau am besten selbst zu, wie die kleinen Kunstwerke entstehen. *Walsrode | Ebbinger Str. 1a | Feb./März Mo–Fr 9–17, April–Dez. Mo–Fr 9–18, Sa 9–14 Uhr | zierkerze.de*

SPORT & SPASS

FREIBÄDER

Planschen, schwimmen und Spaß haben auf einem Wasserspielplatz mit Piratenschiff, Seilfähre, Riesen-Wasserrutsche: Das *Strandbad (Am Badeteich | strandbad-dorfmark.de | tgl. 13–18 Uhr, bei gutem Wetter länger, bei Regen und unter 20 Grad geschl. | 2 Euro)* in Dorfmark ist ein Naturbad und ganz auf Kinder eingestellt. Das *Lieth-Freibad (Soltauer Str. 26 | Tel. 05162 2226 | badbt.de | Mo 11–20, Di und Do 7–20, Mi und Fr 9–20, Sa/So 10–19 Uhr | 4 Euro)* in Bad Fallingbostel liegt schön im Böhmetal am Rand eines Buchenwalds.

RUND UM BAD FALLING-BOSTEL & WALSRODE

1 DORFMARK

7 km nordöstlich von Bad Fallingbostel/10 Min. über Vierde

Der familienfreundliche Urlaubsort (3200 Ew.) im Böhmetal hat sich seinen typischen Heidedorfcharakter erhalten, mit niedersächsischen Fachwerkhäusern, Parks und einem *Dorfbrunnen* mit dem Namen Grefel Dorjen. Dorjen alias Dorothea Grünhagen hat es tatsächlich gegeben, sie war eine Art Heideoriginal und ihre Skulptur ziert heute den Brunnen. In einem Naturbadesee kann man schwimmen, auf der Böhme paddeln und rund um den Ort gut wandern. *E5*

2 FLORAFARM GINSENG

7 km südlich von Bad Fallingbostel/10 Min. über die Soltauer Straße

Ginseng in der Heide? Klingt exotisch, funktioniert aber mit Erfolg. Das Familienunternehmen Wischmann baut in Bockhorn – als einziges in Europa – seit den 1980er-Jahren die koreanische Heilwurzel an und gewinnt daraus Dragées, Tropfen, Kosmetik und weitere Produkte. Bei kostenlosen *Führungen (Mo–Fr 16.30 Uhr und nach Anmeldung unter Tel. 05162 13 93)* durch die Ginsenggärten mit Verkostung erfährst du alles über Anbau, Anwendung und Wirkung der Pflanze. Im *Ginsengcafé* gibt es Kaffee, Torten und Eis. *Bockhorn 1 | florafarm.de | Ausstellung und Hofladen Mo–Fr 10–18, Sa 10–13 Uhr |* *D5*

3 SIEBEN STEINHÄUSER

20 km südöstlich von Bad Fallingbostel/20 Min. über Ostenholz

Es sind zwar nur fünf und nicht sieben Steingräber, aber hier hat wohl die magische Zahl Sieben eine Rolle gespielt. Diese Großsteingräber auf dem Truppenübungsplatz Ostenholz zählen zu den eindrucksvollsten und am besten erhaltenen in der Heide. Um 2500 v. Chr. wurden sie von den ersten in der Region sesshaften Bauern errichtet. Bei der Zufahrt über Ostenholz (Panzerring) passierst du einen Posten mit Schlagbaum. Um nicht vor verschlossener Schranke zu stehen, check vorher unter oder *osterheide.de* oder *vogelpark-region.de* die Truppenübungszeiten! *E6*

4 SERENGETI-PARK HODENHAGEN

20 km südlich von Walsrode/25 Min. über Hodenhagen

Hier laufen die Tiere (relativ) frei herum, während die Besucher (meist) im Käfig sitzen: Du durchfährst die großen Gehege auf der 9 km langen Safa-

Im Serengeti-Park gibts auch einen Schmusezoo. Die Dromedare haben dort aber keinen Zutritt

ristrecke nämlich mit dem Bus oder im eigenen Wagen. Weit über 1500 Tiere aus aller Welt sind hier zu sehen. Europas größter Schmusezoo sorgt für direkten Kontakt zu ungefährlichen Tieren. Nach der Rundfahrt wartet ein Freizeitpark mit mehr als 40 Fahrgeschäften auf die Besucher. *serengeti-park.de | Ende März–Okt., Kernzeit tgl. 10–17 Uhr | 45,50 Euro, Kinder (3–12 Jahre) 35,50 Euro, ab 13.30 Uhr 35,50/25,50 Euro, Safaribus 6,50 Euro | ⏲ 4 Std. | D6*

5 GRUNDLOSER SEE

7 km nordwestlich von Walsrode/ 30 Min. mit dem Rad

Der Name des verwunschen wirkenden Sees rührt von dem nährstoffarmen Wasser her: Die dunkel schimmernde Oberfläche scheint unendliche Tiefe zu versprechen – tatsächlich ist der See jedoch nur gut 2 m tief. Er ist Teil des Grundlosen Moors und eines Naturschutzgebiets, in dem Libellen, Bekassinen, Kiebitze und Große Brachvögel zu Hause sind. Stille, schöne Wanderwege führen um den See (ab dem Parkplatz ca. 400 m hinter dem Forsthaus bei Walsrode-Fulde), abgestorbene Birken und Kiefern und jede Menge Rauschbeeren säumen ihn. Verwechsle sie nicht mit Heidelbeeren, denen sie täuschend ähnlich sehen: Ihren Namen tragen die leicht giftigen Beeren nicht umsonst, daher lieber nicht naschen! *D5*

6 VERDEN (ALLER)

30 km westlich von Walsrode/25 Min. über die A 27

Die über 1000 Jahre alte Stadt (28 000 Ew.) ist ein Zentrum der Pferdezucht und des Pferdesports. Hier steht auch das *Deutsche Pferdemuseum (Holzmarkt 9 | dpm-verden.de | Di–So 10–17 Uhr | 5 Euro).* Kunstfreunde lockt der gotische *Dom (Nordeingang Lugenstein | dom-verden.de | tgl. 9–16, April–Okt. bis 17 Uhr)* mit romanischem Turm und Resten des alten Kreuzgangs. Das *Historische Museum Verden (Untere Str. 13 | domherrenhaus.de | Di–So 10–13 und 15–17 Uhr | 5 Euro)* im ehemaligen Domherrenhaus besitzt als besonderen Schatz 370 Zinnfiguren aus der Zeit um 1900 samt zugehörigen Modeln, sodass du auch Abgüsse kaufen kannst. Feinschmecker steuern *Pades Restaurant (Grüne Str. 15 | Tel. 04231 30 60 | pades.de | tgl. | €€–€€€)* an.

Um die Alleen aus 4500 teilweise mannshohen Findlingen im *Sachsenhain (Zufahrt über die von der B 215 abzweigende Eisseler Str.)* ranken sich Mythen. Während des Nationalsozialismus wurde das Gelände von der SS und der Hitlerjugend zu Schulungszwecken genutzt. Später diente es mit den dazugehörigen Gebäuden zur Unterbringung von Flüchtlingen und wird heute von der Evangelischen Jugend genutzt. Informationstafeln auf dem Grundstück erläutern die frühere und aktuelle Geschichte des Sachsenhains. Im *Magic Park Verden (Heideweg 3–7 | magicpark-verden.de | April–Okt., Zeiten s. Website | 18,50 Euro, Kinder 3–11 Jahre 16,50 Euro)* nahe der Autobahnausfahrt Verden-Ost nimmt man die Kleinsten mindestens genauso wichtig wie Jugendliche – und man setzt auf aktives Erleben statt auf Hightech. Im Schmusezoo warten über

Der Turm noch romanisch, das Schiff schon gotisch: Dom in Verden

100 Tiere, im Schrottland-Theater finden mehrmals täglich Zaubervorstellungen statt, im Märchenwald erzählen bewegliche Figuren bekannte Märchen. B5

7 WOLFCENTER DÖRVERDEN

35 km westlich von Walsrode/35 Min. über Rethem und Hassel

Am Rand der kleinen Gemeinde Dörverden zwischen Weser und Aller leben rund ein Dutzend Wölfe in zwei großen, bewaldeten Gehegen und lassen sich von 3 m hohen Plattformen aus beobachten. Besucher erfahren anhand der interaktiven Ausstellung, der Beobachtung der Wölfe in den Gehegen und bei Führungen Spannendes über das charismatische Wildtier.

INSIDER-TIPP
Eine Nacht mit Wölfen

Tolle Übernachtungsmöglichkeiten z. B. im Indianertipi oder im Baumhaus mit Blick ins Wolfsgehege verlocken die ganze Familie zum Bleiben über Nacht. *Kasernenstr. 2 | wolfcenter.de | Mitte März–Okt. Mi–So 10–18, Nov.–Mitte März Sa/So 10–17 Uhr, in allen niedersächsächsischen Schulferien tgl. geöffnet | 16,90 Euro, Kinder bis 12 Jahre 10,90 Euro, bis 6 Jahre 9,90 Euro | 2 Std. |* B5

BISPINGEN

(F3–4) **Der Ort selber ist mit gerade mal 6400 Ew. weder groß noch bedeutend, hat aber in den letzten Jahren eine Attraktion nach der anderen um sich herum geschart.**

Zu den witzigen wie sportlichen Einrichtungen zählen das Verrückte Haus, das Kuriositätenkabinett Iserhatsche oder das Ralf-Schumacher-Kartcenter und das Abenteuer-Resort mit ganzjährig befahrbaren Skipisten. Die Heideflächen des Naturschutzgebiets sind im Sommer auch bequem mit dem kostenlosen Heide-Shuttle erreichbar, einem Bus mit Fahrradanhänger.

SIGHTSEEING

OLE KERK

Das älteste Bauwerk im Ort ist die alte Feldsteinkirche von 1353 mit 16 modernen Bleiglasfenstern, die neutestamentarische Szenen andeuten. Gelegentlich lädt die Gemeinde zu Gratiskonzerten auf der Pfarrwiese oder drinnen bei Kerzenschein ein. *Kirchweg 1 | Ostern–Weihnachten tgl. 10–18 Uhr*

HEIDEKASTELL ISERHATSCHE

Kitsch oder Kunst? Entscheide selbst! Witzig und ausgefallen ist dieses Kuriositätenkabinett mit Jagdvilla von 1913 und Landschaftspark auf jeden Fall. Ende der 1980er-Jahre übernahm der Berliner Malermeister Uwe Schulz-Ebschbach das Heidekastell. Seitdem lässt er auf der Anlage seiner Sammelleidenschaft und Gestaltungswut freien Lauf, z. B. in den prunkvollen Räumen der Museumsvilla, die er selber bewohnt, mit Biedermeier-Jagdzimmer oder Diana-Sanssouci-Zimmer mit ausfahrbarem Keyboard unter dem Esstisch. Im Barockgarten steht ein eiserner Glockenbaum, der Volkslieder abspielt, dazwischen hängen weise Sprüche, die den Geist des Heidekastells widerspiegeln: „Es gibt kein großes Genie ohne einen Schuss Verrücktheit" oder „Um Erfolg zu haben, muss man aus dem Wollen schöpfen".

INSIDER-TIPP
Spielwiese für verrückte Ideen

Gestaltet, gemalt und gesammelt hat Schulz-Ebschbach nahezu alles in Eigenregie, auch die Kunstwerke im Außengelände, die mitunter den Charakter einer kindlichen Märchenwelt haben. So etwa die Arche Noah oder der künstliche Vulkan Montagnetto, der per Fernbedienung Feuer speit. Oder im Inneren des Bergs die mit 24 000 Flaschen größte Biersammlung der Welt und der prachtvoll-kitschige Saal Sala del Monte, der für Trauungen genutzt werden kann. Der Hausherr wuselt zwischen seinen Gästen herum, ist immer ansprechbar und erklärt gerne seine Visionen.

Für den Fall, dass er irgendwann das Zeitliche segnet, hat Schulz-Ebschbach bereits vorgesorgt: In der Bibliothek steht, für jeden Besucher sichtbar, ein Sitzsarg – ausgestattet mit Fenster und Handy. Man kann ja nie wissen. *Nöllestr. 40 | iserhatsche.de | April–Okt. tgl. 10–18, Nov.–März 10–16 Uhr | 12 Euro, Kinder (7–12 Jahre) 8 Euro | 3–4 Std.*

VERRÜCKTES HAUS

Wohnalltag aus der Handstandperspektive: Die Inneneinrichtung dieses Einfamilienhauses ist ziemlich normal, nur steht hier alles auf dem Kopf. Das Haus ist um 180 Grad gedreht, Möbel, WC und Dusche hängen an der Decke, über Kopf fährt eine Modelleisenbahn durchs Kinderzimmer. Zusätzlich hat das Haus eine Längs- und Querneigung von 6 cm – eine Herausforderung für den Gleichgewichtssinn mit

Wie schräg ist das denn: Das Verrückte Haus ist was für Leute mit Sinn für Perspektivwechsel

Spaßgarantie. *Horstfeldweg 1 | dasver ruecktehaus-bispingen.de | März–Okt. tgl. 10–18, Juli/Aug. bis 18.30, Nov.–Feb 11–17 Uhr | 6 Euro, Kinder (4–14 Jahre) 4,50 Euro*

GREIFVOGEL-GEHEGE

Greifvögel aus nächster Nähe, zum Anfassen und Streicheln, zumindest wenn die Besitzerin Frigga Steinmann-Laage dabei ist: Seit 1975 zähmt sie Falken für hiesige Falkner und arabische Scheichs, aber auch Habichte, Bussarde, Adler, Eulen und Raben leben hier. Und zwar nicht in Volieren, sondern frei auf dem Gelände. Du bestaunst die insgesamt ca. 250 Vögel daher nicht aus der Ferne oder bei einer Flugshow, sondern bei einer Führung durchs Gelände und, wenn gewünscht, auch auf Tuchfühlung. *B 209 km 29,1 | greifvogel-gehege.de | Mai–Okt. Mi, Sa und So 15 Uhr | 12 Euro, Kinder 8 Euro*

ESSEN & TRINKEN

DE OLE DÖNS

Gleich gegenüber der Kirche verwöhnen der Hamburger Erhard Steltzer und seine Frau Grazyna Gäste seit drei Jahrzehnten mit regionaler Küche und Spezialitäten vom Lavagrill, Fisch und allerlei gutbürgerlichen Köstlichkeiten – bei gutem Wetter auch im Biergarten. Erfreulich ist auch der Umfang der Kinderkarte. *Hauptstr. 12 | Tel. 05194 12 19 | ole-doens.de | tgl. | €€*

TAFELHUUS

Die kleine, aber feine Karte des hellen, modernen Restaurants im Hotel

Rieckmanns verwöhnt mit regionalen Spezialitäten und ein paar kulinarischen Ausflügen Richtung Italien. Heidschnucken, Forellen und Co. bezieht das Tafelhuus von einheimischen Produzenten. *Kirchweg 1–2 | Tel. 05194 95 10 | hotel-rieckmann.de | Mo/Di und mittags geschl. | €€–€€€*

SPORT & SPASS

RALF SCHUMACHER KARTCENTER

Einmal ein Rennfahrer sein oder sich an vergangene Gokartzeiten erinnern! 1000 m Außen- und 600 m Indoorbahn auf der Anlage des früheren Rennfahrers verleihen echtes Formel-1-Feeling. Eine vergleichsweise ruhige Kugel schiebst du auf den sechs Bowlingbahnen. *Horstfeldweg 5 | rs-kartcenter.de | freie Termine auf der Website checken | Einzelfahrten (15 Min.) 14,50 Euro*

BERG & TAL ABENTEUER-RESORT

Sehnsucht nach den Bergen bei so viel flacher Heidelandschaft? Oder schon mal ein bisschen Ski fahren üben, bevor du irgendwo anders gekonnt einen Hang hinunterbretterst? Das geht auf der 300 m langen *Abfahrtspiste* in diesem künstlichen Schneetempel, der sogar mit einem Sessellift ausgestattet ist. Außerdem düst eine *Modelleisenbahn* über 20 km Schienen durch verschiedene Themenwelten und im *Outdoor-Park* können Kinder und ausdrücklich auch die Großen sich nach Herzenslust austoben. *Horstfeldweg 9 | abenteuer-resort.de | stark gestaffelte Zeiten s. Website | Tagesticket 42 Euro*

QUADBAHN BISPINGEN

Erwachsene und Kinder ab acht Jahren können Quads über eine 500 m lange, kurvenreiche und leicht hügelige Geländebahn lenken. *Uhlenstieg 13a (abseits der Straße Bispingen–*

Mal die (Umwelt-)Sau rauslassen: Im Kartcenter kannst du dir zehn Minuten Unvernunft gönnen

Behringen) | quadbahn-bispingen.de | April–Okt. Sa/So 13–17, niedersächsische Sommerferien tgl. 11–18 Uhr | 10 Min. 12 Euro, 30 Min. 25 Euro

BRUNAUSEE

Richtung Behringen liegt der von Bäumen gesäumte Brunausee. Er lockt mit einer Badebucht an der Südseite, Tretbooten, Wanderwegen und einer Quadbahn. Ein Restaurant mit Seeterrasse komplettiert die Idylle.

HEIDSCHNUCKENEINTRIEB

Ein besonderes Schäferstündchen erlebst du, wenn du mit der Kutsche zum Schafstall fährst und beim Schnuckeneintrieb zuschaust: Am späten Nachmittag geht es von Behringen durch Heide und Wald direkt zum Stall. Dort kannst du dem Schäfer Löcher in den Bauch fragen und zusehen, wie die Heidschnucken in ihr Nachtquartier trotten. Die schöne Abendstimmung in der Heide gibts als Sahnehäubchen obendrauf. *behringen-online.de | Termine und Preise bei Bispingen-Touristik in Behringen | Tel. 05194 830*

HEIDERANGER

Spannende und erlebnisreiche Exkursionen durch die Heide bietet Jan Brockmann an. Er ist Biologe und ausgebildeter Nationalparkranger und hat verschiedene Themen in petto. Er führt dich zu den schönsten Ecken der Heide wie z. B. zum Totengrund oder ins Pietzmoor oder pilgert mit dir auf dem Teilstück des Jakobswegs, das durch die Heide führt. Wie ein echter Heidjer kannst du dich fühlen, wenn du bei ihm das „Heide-Diplom" erwirbst. *Am lütten Stimbeck 15 | Bispingen-Steinbeck | heide-ranger.de | Heidediplom 12 Euro, Nachtwanderung 14 Euro, Mindestpauschale bei Kleingruppen 298 Euro*

INSIDER-TIPP
Zertifikat mit Augenzwinkern

RUND UM BISPINGEN

8 WILDPARK LÜNEBURGER HEIDE ★

25 km nördlich von Bispingen/ 20 Min. über die A 7

Toll angelegter Park, in dem diverse Haustierrassen artgerecht leben – ein schönes Ziel für einen ganzen Tag! Am Eingang empfängt dich ein „Erklär-Bär" aus Kunststoff, der mit sonorer

Stimme über den Park erzählt. Wer mag, leiht einen Bollerwagen zum Transport von Kind und Kegel aus – und dann geht es auf Rundwegen durch den weitläufigen Park, entlang an Gehegen mit Bären, Elchen, Wölfen, Fischottern, Schneeleoparden und mehr als 100 weiteren Tierarten.

Im Frühling hüpfen Tierbabys durch die Gehege, Rehe lassen sich füttern und im Streichelzoo können Kinder (und Erwachsene) mit kleinen Ziegen auf Tuchfühlung gehen. Restaurants, Vogelflug- und Fütterungsshows sowie Spiel- und Picknickplätze sorgen für reichlich Anlässe zum Pause machen. Und schließlich gibt es noch den barrierefreien, ca. 700 m langen Baumwipfelpfad, der phantastische Ausblicke auf das Wolfs- und Luchsgehege und weit über die Wälder bis nach Hamburg und zum Horizont ermöglicht. *Autobahnausfahrt Garlstorf | wild-park.de, heide-himmel.de | März–Okt. tgl. 8–19, Nov.–Feb. 9.30–16.30 Uhr | 13 Euro, Kinder (3–14 Jahre) 11 Euro, Baumwipfelpfad 9,50/6,50 Euro | F2*

INSIDER-TIPP **Dem Himmel ganz nah**

Die Heide ist dir zu gemächlich? Dann hast du die „Big 7" des Heideparks noch vor dir

9 HEIDEPARK-RESORT ★

13 km südwestlich von Bispingen/ 15 Min. über Harmelingen

Geschwindigkeit ist Trumpf in diesem größten Freizeitpark Norddeutschlands. Zu den rasanten Fahrgeschäften zählen sieben Achterbahnen, darunter die *Desert Race* mit Katapultstart von 0 auf 100 Stundenkilometer in 2,4 Sekunden oder der Turm mit dem vielversprechenden Namen *Scream* und freiem Fall aus 71 m Höhe. Wer es nicht ganz so aufregend mag, kann sich in der *Bucht der Totenkopfpiraten* bei Wasserschlachten oder in einer riesigen Schiffsschaukel vergnügen. Familiär und vergleichsweise geradezu gemütlich geht es im Areal *Wild Wild West* bei Wildwasserbahn, Mountain Rafting oder Western-Riesenrad zu und an die Kleinsten wird mit einer Fahrt in die *Drachenhöhle,* liebevoll-nostalgischem *Dampfkarussell* und einem *Oldtimer-Rundkurs* gedacht. *heide-park.de | Ostern–Okt., unterschiedliche Schließtage und Öffnungszeiten sowie tagesaktuelle Preise s. Website | E4*

10 AHLFTENER FLATT

18 km südwestlich von Bispingen/ 20 Min. über Heidepark

Als einer der schönsten Flachmoorseen der Heide gilt das nahe Soltau gelegene Ahlftener Flatt. Diesen Heideweiher, der noch aus der letzten Eiszeit stammt, kannst du in einer halben Stunde zu Fuß umrunden. Im Mai ist das besonders schön, denn dann trägt das Wollgras seine weißen Fruchtstände. *E4*

11 SOLTAU

17 km südwestlich von Bispingen/ 20 Min. über Harmelingen

Die Vorzüge der im Zweiten Weltkrieg schwer zerstörten 21 000-Ew.-Stadt liegen vor allem in ihren Einkaufs- und Freizeitmöglichkeiten. Da ist einmal die *Soltau-Therme (Mühlenweg 17 | soltau-therme-online.de | stark gestaffelte Zeiten und Preise s. Website),* das Schwimm- und Solebad mit Innen- und Außenbecken, Cocktails am Solepool, großer Saunalandschaft und abwechslungsreichem Veranstaltungsprogramm.

„Filzen, was das Zeug hält" ist das Motto in der *Felto-Filzwelt Soltau (Marktstr. 19 | filzwelt-soltau.de | tgl. 10–18 Uhr | 8 Euro, Kinder 4 Euro):* In diesem Ausstellungs- und Erlebniszentrum hinter alten Fabrikmauern kannst du Filziges entdecken, spüren, tasten und selbst ausprobieren, was sich aus Filz alles herstellen lässt – toll nicht nur für Kinder. Die schönen Filzdinge gibt es auch im Shop zu kaufen.

INSIDER-TIPP
Flausch und Filz

Ideal nicht nur bei Regenwetter ist die 2000 m² große Halle des *Heidewitzka (Gottfried-von-Cramm-Str. 1 | heidewitzka.com | gestaffelte Zeiten und Preise s. Website)* mit zahlreichen Spielmöglichkeiten, Kletteranlage, Trampolinen und Minifußballplatz. Spielzeug aus vier Jahrhunderten wird im *Spielmuseum Soltau (Poststr. 7 und 15 | spielmuseum-soltau.de | tgl. 10–18, Poststr. 15 13.30–18 Uhr | 5 Euro, 1. Kind 2,50 Euro, ab 2. Kind frei)* präsentiert, darunter besonders viele Puppen und Puppenstuben. Außerdem gibt es Spielräume für die ganze Familie.

Wer Markenware zu vergünstigten Preisen sucht, kann sich im *Designer-Outlet (Rahrsberg 7 | designeroutlet soltau.com | Mo–Sa 10–20 Uhr)* direkt an der Autobahnabfahrt Soltau-Ost bei mehr als 60 Designermarken ins Shoppingvergnügen stürzen. *E4*

SCHNEVERDINGEN

(E3) **Der schnuckelige Heideort (18 500 Ew.) ist das touristische Zentrum der westlichen Heide und dabei angenehm unaufgeregt.**
Du kannst von Ostern bis Oktober täglich den Heidschnucken beim Ein- und Austrieb zuschauen, Kutschfahrten unternehmen und im August steigt hier eines der größten Heideblütenfeste mit allem Drum und Dran. Tolle Rad- und Wanderwege findest du ringsum und eines der ältesten und schönsten Moore der ganzen Heide, das Pietzmoor, gehört ebenfalls zu Schneverdingen.

SIGHTSEEING

EINE-WELT-KIRCHE €

Dieser spannende Kirchenbau ist im Zug der Expo 2000 entstanden. Er ist ganz aus Plexiglas und Holz gebaut, das Besondere ist der dreiflügelige Altar, in dem 7000 mit Erde gefüllte Plexiglasbehälter als „Erdbücher" die gemeinsame Lebensbasis aller Menschen zeigen. *Ernst-Dax-Str. 8 (nahe der Straße zum Pietzmoor) | eine-welt-kirche.de | Tgl. 10–12 und 15–17 Uhr*

PIETZMOOR ★

Ein rund 5 km langer Weg führt, teils auf Holzbohlen, durch eine bizarre, geheimnisvolle Moorlandschaft mit dunklen Gewässern, aus denen totes Gehölz und Grünpflanzen ragen. Heide gibt es hier nur wenig, dafür legt sich im Frühling die zarte Wollgrasblüte mit kleinen, watteähnlichen Puscheln über die Moorlandschaft; im Herbst und Winter schimmern die Birken im Nebel oder Raureif. Eidechsen und Kreuzottern sonnen sich auf den Holzstegen, im Frühling zur Paarungszeit krakeelen Tausende Moorfrösche in den Weihern herum. Die Männchen verfärben sich zu dieser Zeit blau, in der Hoffnung, die Aufmerksamkeit der Weibchen auf sich zu ziehen – ein Spektakel, das ebenso wie die Wollgrasblüte begeisterte Fotografen und Naturfreunde anzieht. Etwa die Hälfte des Rundwegs verläuft auf schmalen Stegen, der Rest auf festem Sandweg und zum Schluss durch karge Wiesen. Informationstafeln erklären anschaulich die Geschichte des ca. 8000 Jahre alten Moors. *Wanderparkplatz an der Heberer Str.*

HÖPEN

Das im Norden gelegene Landschaftsschutzgebiet ist mit seinem Wald und seinen Heideflächen so etwas wie der inoffizielle Kurpark der Stadt. Entlang von Heideflächen, Wacholdern und Bienenkörben führen Wanderwege und vom gleichnamigen Berg kannst du aus 120 m Höhe bei guter Sicht bis zum Wilseder Berg schauen. Im *Schafstall am Heidegarten (schafstall-heidegarten.de | Juli–Sept. tgl. 10–18, Mai/Juni und Okt. 11–18 Uhr | €)* kann man bei Biolimo, Wein und diversen regionalen Leckereien eine Pause einlegen.

Bohlenwege sorgen dafür, dass du nicht im Pietzmoor versackst

Vom Heide-Kiosk auf der anderen Seite des Höpen gelangt man zu Fuß zum alten Schafstall und kann den Schnuckenein- bzw. -austrieb beobachten. Zünftige Schäferabende lassen echtes Heidefeeling aufkommen. Infos und Termine auf *heidenlust.de.* Im Höpen findet außerdem während des Heideblütenfests der Königinnen-Showdown statt: Auf der Freilichtbühne wird immer am letzten Sonntag im August die neue Heidekönigin gekrönt. Ins Schwelgen geraten Besucher im *Heidegarten* am Anfang des Höpen.

INSIDER-TIPP
Ein Traum aus Purpur

Das große Rondell zeigt 180 verschiedene Heidesorten in sämtlichen Schattierungen zwischen Hellrosa und Dunkelviolett.

ESSEN & TRINKEN

SCHÄFERHOF

Gediegenes, sehr gutes Restaurant in einem Fachwerkhaus direkt am Pietzmoor. Nach der Wanderung oder einfach so kann man hier gut einkehren. Zum Angebot gehören Wildgerichte, allen voran natürlich Heidschnucke, aber auch Heideforelle und fleischlose Leckereien. Toller Kuchen! *Heberer Str. 100 | Tel. 05193 3547 | hotel-schaeferhof.com | tgl. | €€*

MELKHUS HEBER

9 km südöstlich in Heber wartet das kleine, grün gestrichene Holzhäuschen auf Radler und Wanderer, die bei einem Glas kühler Milch, einem Milchshake, Quark oder Joghurt ver-

schnaufen wollen. Sie sitzen unter alten Eichen mit Blick auf den Bauerngarten und erfahren auf Wunsch von Betreiberfamilie Delfenthal etwas über moderne Landwirtschaft. *Seehorst 5 | Tel. 05199 98 55 15 | Mai–Mitte Okt. Fr–So 13–18 Uhr*

RUND UM SCHNEVERDINGEN

12 KUNSTSTÄTTE BOSSARD ★

30 km nordöstlich von Schneverdingen/35 Min. über Welle und Schierhorn

Eine echte Sensation erwartet Kunstfreunde in einem Waldgebiet südöstlich von Lüllau: Der Schweizer Künstler Johann Michael Bossard (1874–1950) schuf hier mit Hilfe seiner Frau, der Bildhauerin Jutta Bossard-Krull, ab 1912 ein Gesamtkunstwerk aus fast 5000 Einzelobjekten. In eine höchst eigenwillige Innen- und Außenarchitektur sind Skulpturen, Monumentalgemälde, Keramik, Mobiliar und anderes mehr eingebunden. Auch der Garten ist durch und durch künstlerisch gestaltet. *Bossardweg 95 | bossard.de | März–Okt. Di–So 11–18, Nov.–Feb. 11–16 Uhr | 8 Euro | 3 Std. | F2*

13 NEUENKIRCHEN

12 km südwestlich von Schneverdingen/15 Min. über Sprengel

In dem romantischen Dorf ist mit rund 1000 Tieren die größte Schnuckenherde der Lüneburger Heide zu Hause – es bezeichnet sich deshalb selbst als Schnuckendorf. Auf dem *Schäferhof* kannst du die Rückkehr der Tiere in den Stall erleben *(Mai–Okt. Di–Sa um 17.30 Uhr),* im Hofladen Schnuckeliges kaufen oder dich in einer Ausstellung über die Heide und ihre Pflege informieren. In der Saison gibt es hier regelmäßig *Grillabende (Juni–Okt. Mi ab 17 Uhr)* mit leckeren Heidschnuckenburgern und -bratwurst.

Daneben hat sich Neuenkirchen einen Namen als „Kunst-Landschaft" *(kostenlose Führungen Mai–Okt. 1. So im Monat 11 Uhr)* gemacht: Mehr als 30 ungewöhnliche Werke internationaler Künstler stehen hier in der Heide: Ein gewaltiger Findling, der Töne von sich gibt, ein gigantischer Spiegel, der den Himmel auf die Erde zu holen scheint, und noch mehr naturbezogene Installationen zeigen die Heidelandschaft in einem neuen Licht. Ausgangspunkt für eine Erkundungstour ist der Springhornhof im Ortszentrum. *E4*

NATURSCHUTZGEBIET

(E–F3) **Von Handeloh im Norden bis nach Bispingen im Süden reicht das Naturschutzgebiet Lüneburger Heide und rund um die Orte Undeloh und Wilsede bist du quasi in seinem Herzen.**

Ein Gesamtkunstwerk aus Natur, Kunst und Architektur: Kunststätte Bossard

Ab hier muss man das Auto stehen lassen, aber das stört nicht. Viel zu schön ist es, mitten hinein zu wandern, zu radeln oder per Kutsche in das Blütenmeer zu schaukeln, z. B. ab Nieder- oder Oberhaverbeck. Auch ohne Auto kommst du unkompliziert und umweltfreundlich zu den schönsten Zielen im Naturschutzgebiet: mit dem Heide-Shuttle (s. S. 130), einem kostenlosen Bus, der dich samt Fahrrad auf vier Ringrouten überall hinbringt.

Das Naturschutzgebiet war ursprünglich um einiges kleiner als heute (234 km²). Dass es immer weiter ausgedehnt wurde, ist dem Verein Naturschutzpark e.V. *(verein-naturschutzpark.de)* zu verdanken, der seit seiner Gründung 1909, mit dem streitbaren „Heidepastor" Wilhelm Bode an der Spitze, die Bebauung und Aufforstung der Heideflächen verhinderte. Bis heute kümmert sich der Verein um Schutz und Erhalt der Lüneburger Heide.

ZIELE IM NATURSCHUTZGEBIET

14 HOF TÜTSBERG

Ein schlicht eingerichtetes, doch exzellentes Restaurant mit typischen Heidegerichten, dazu ein traumhafter Biergarten auf der großen Wiese und das Naturschutzgebiet direkt vor der Nase – da fehlt eigentlich nichts mehr! *Hof Tütsberg | Tel. 05199 900 | tuetsberg.de | Nov.–März. Mo/Di geschl. | €€–€€€ | E–F3*

15 LANDHAUS HAVERBECKHOF

Die schöne, weitläufige Fachwerkanlage gehört dem Verein Naturschutzpark – so kommen im Restaurant Schnuckenfleisch aus dem Herdenbestand, Biokarpfen, Buchweizengerichte und Saisonales wie Blaubeeren, Pfifferlinge und Spargel auf den Teller. *Niederhaverbeck 2 | Tel. 05198 989 80 | wechselnde Ruhetage s. Website | tgl. | €€ | E3*

16 TOTENGRUND & STEINGRUND ★

Ein klasse Blick ist das vom oberen Rand des *Totengrunds*, eines Traumtals der Heide: mit Wacholdern übersät, im Spätsommer rosa schimmernd – es lohnt, hier einmal um den Talkessel herum zu wandern. Dem Heidepastor Bode sei Dank ist es nicht dazu gekommen, dass hier vor gut 100 Jahren Ferienwohnungen gebaut wurden. So auch im *Steingrund*, einem Trockental von ähnlicher Schönheit. Es hat seinen Namen von den vielen Findlingen, die darin verstreut liegen. Der Totengrund hingegen war früher Schauplatz von Leichenzügen. Oder war eher der karge Boden verantwortlich für den Namen? Von Nieder- und Oberhaverbeck aus erreichst du beide in ein bis zwei Stunden. *F3*

17 WILSEDE

Während des Sommers spazieren über 100 000 Besucher durch das 30-Seelen-Dorf, das für den Autoverkehr völlig gesperrt ist. Wer hier nicht zu Hause ist, kommt nur zu Fuß, per Pferd, Fahrrad oder Kutsche her. Außer drei Gasthäusern und einem Museum gibt es auch noch einige alte, fast schon museal wirkende Höfe, darunter das *Heidemuseum Dat Ole Huus (wechselnde Zeiten s. Website | 3 Euro | verein-naturschutzpark.de)*: Der 1742 erbaute Heidehof gibt Einblicke in das mitunter karge und harte Leben der Heidebauern. Bratwurst, Sülze oder Braten von der Heidschnucke: Im rustikalen Gasthaus *Zum Heidemuseum (Tel. 04175 2 17 | zum-heidemuseum.eu | tgl. | €–€€)* geht es deftig zu. *F3*

18 WILSEDER BERG ★

An der höchsten Stelle des Bergs verkündet ein Findling seine Höhe von sagenhaften 169,2 m. Von der „Gipfelregion" aus schweift der Blick weit über Wald und Heide in die Norddeutsche Tiefebene; wenn die Sicht gut ist, reicht sie bis zum 40 km entfernten Hamburg. *F3*

19 UNDELOH

Das kleine Dorf ist einer der Hauptanziehungspunkte im Naturschutzgebiet, verkraftet zur Heideblüte aber auch ganze Busladungen von Menschen, die sich dann rasch in der Heide verteilen. Hier starten viele Kutschen zum zweiten, nur 3,5 km entfernten Bilderbuch-Heidedorf Wilsede oder noch weiter. Kutschen, Radler und Wanderer teilen sich die Wege friedlich. Hop-on-hop-off heißt es bei den preisgünstigen Linienkutschen, die während der Heideblüte zwischen den beiden Dörfern hin- und herfahren. Frag mal die Kutscher alles, was du schon immer über die Heide wissen wolltest – es wird kaum eine Frage unbeantwortet bleiben. Schließlich sind die meisten von ihnen „Qualitätskutscher", erkennbar an der Plakette, die an den Kutschen angebracht ist, sowie an der Kluft der Kutscher.

Im Ort selbst lohnt ein Besuch der *Sankt-Magdalenen-Kapelle (tgl. 10–16, April–Sept. bis 19 Uhr)* mit hölzernem Glockenturm und 1 m dicker Findlingsmauer. Im *Heide-Erlebniszentrum (Wilseder Str. 23 | heide-erlebniszentrum.de | wechselnde Zeiten s. Website | Eintritt frei)* am Ortsrand Richtung Wilseder Berg können kleine und große Entdecker die Heide mit allen Sinnen be-greifen: Die gut gemachte Ausstellung zeigt anschaulich und interaktiv, was für Geräusche Moore machen, was die Eiszeit mit der Heide zu tun hat und wie Schäfer, Imker und Heidebauern früher arbeiteten. Im *Café Heimatliebe* gibts Buchweizenwaffeln, Frikadellen und Schnuckenbratwurst und im dazugehörigen Shop schöne Souvenirs. Überhaupt gleicht der Ort im Sommer einem Basar. Gehandelt wird mit allem, was die Heide als sogenannte typische Souvenirs bietet, vom Imkerhonig über Heidegemälde und -aquarelle bis zum Schafsfell. *F3*

20 BARFUSSPARK EGESTORF

Naturerlebnis mit Wellnesscharakter verspricht ein Besuch des Barfußparks: Schuhe und Strümpfe ausziehen, in Schließfächern verstauen, Hosen hochkrempeln und dann knapp 3 km auf Rinde, Gras und Kieseln, durch Moor und Matsch und – doch, das geht! – sogar auf Glasscherben laufen. Das ist Balsam für gestresste Füße und unterwegs gibt es an 60 Erlebnisstationen allerlei zu entdecken, vom Summstein bis zum Baumtelefon. Hinzu gesellen sich ein *Yogawald* mit Stationen für eigene Übungen und ein *Salzineum* zum Einatmen gesunder, solehaltiger Luft. *Ahornweg 9 | barfusspark-egestorf.de | Mai–Sept. tgl. 9–20 Uhr | 8,50 Euro, Kinder (4–15 Jahre) 6,50 Euro | F3*

21 NATURBAD AQUADIES

Direkt nebenan liegt mitten im Wald dieses schöne Naturbad, das seinen Namen zu Recht trägt. Eine Sauna gibt es auch. *aquadies.de | Mitte Mai–Mitte Sept. witterungsabhängig Di–So 9–18 Uhr | 3 Euro, Kinder 2 Euro | F3*

Zwei Konstanten im Naturpark: Wacholderbüsche und Heidschnucken

DER OSTEN

TIERISCH GUT IM WILDEN OSTEN

Ein vollkommen anderes Gesicht als die Lüneburger Heide zeigt der Naturpark Elbhöhen-Wendland zwischen Bleckede im Nordwesten und Gartow im Südosten: Weite Wiesen, Marschland, grüne Flussufer und Deiche prägen diesen Landstrich, außerdem bis zu 70 m hohe Dünen, Höhenzüge und mit Wäldern bewachsene Gletschermoränen. Kleine, verträumte Ortschaften säumen die Elbe und nur wenig deutet darauf hin, dass die Flussufer noch vor einiger Zeit nicht zugänglich waren.

Idylle, wo einst die innerdeutsche Grenze verlief: das Elbtal bei Dömitz

Mitten durch die Elbe verlief jahrzehntelang die deutsch-deutsche Grenze. Einige Wachtürme stehen noch an den Flussufern – ideal erschien diese abgeschiedene Gegend zu DDR-Zeiten für Fluchtversuche in Richtung Westen. Die dünn besiedelte, wasserreiche Region wurde über die Jahre zugleich Lebensraum für mehr als 1300 Pflanzenarten, die sich hier weitgehend ungestört von menschlichen Eingriffen in aller Ruhe ausbreiten konnten. Rund 400 von ihnen stehen auf der Roten Liste Niedersachsens.

DER OSTEN

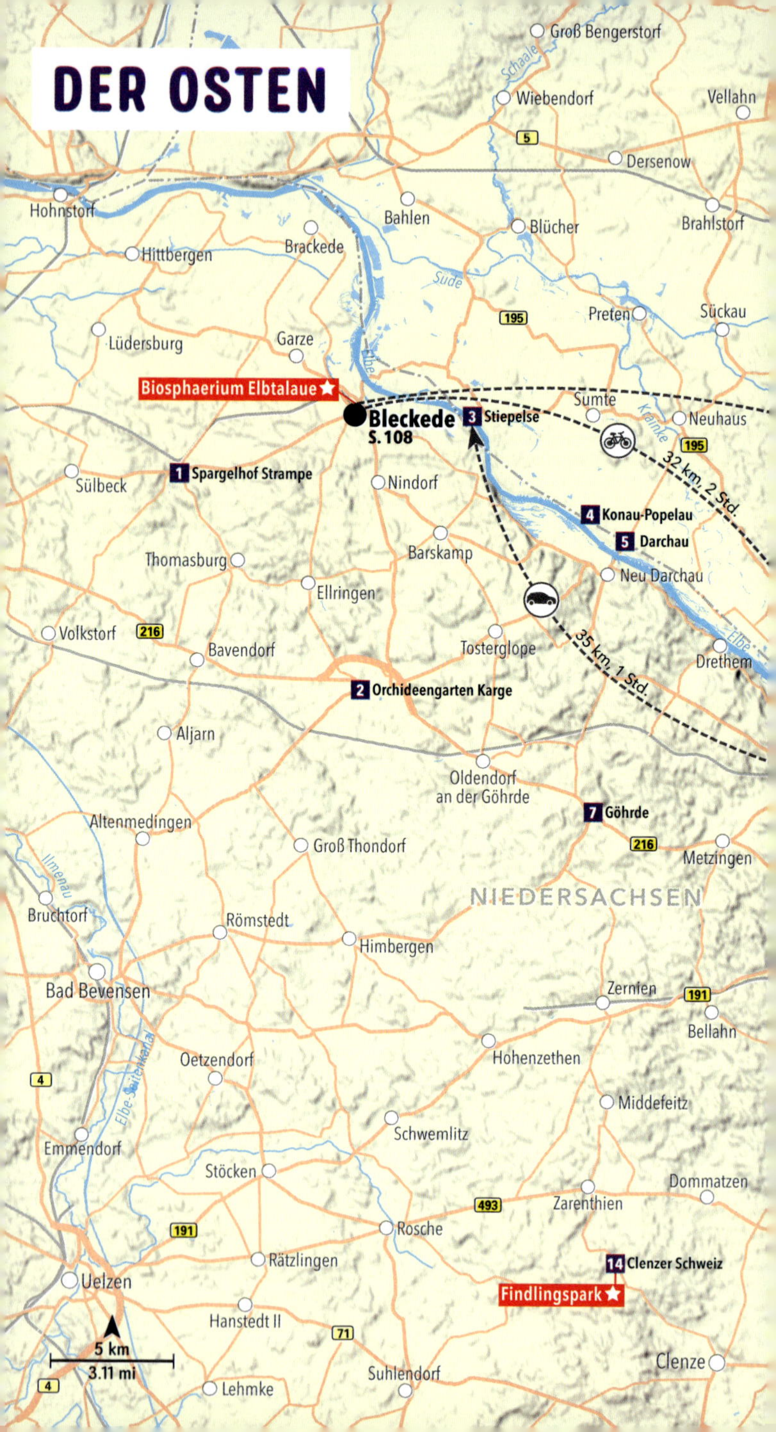

Groß Bengerstorf
Schaale
Wiebendorf
Vellahn
5
Dersenow
Hohnstorf
Bahlen
Blücher
Brahlstorf
Brackede
Hittbergen
Sude
195
Preten
Sückau
Lüdersburg
Garze
Elbe
Biosphaerium Elbtalaue
Sumte
Bleckede
S. 108
3 Stiepelse
Krainke
Neuhaus
195
Sülbeck
1 Spargelhof Strampe
Nindorf
32 km, 2 Std.
4 Konau-Popelau
5 Darchau
Barskamp
Thomasburg
Neu Darchau
Ellringen
Volkstorf
216
Bavendorf
Tosterglope
35 km, 1 Std.
Elbe
Drethem
2 Orchideengarten Karge
Aljarn
Oldendorf
an der Göhrde
7 Göhrde
Altenmedingen
Groß Thondorf
216
Metzingen
Ilmenau
NIEDERSACHSEN
Bruchtorf
Römstedt
Himbergen
Bad Bevensen
Zernien
191
Bellahn
Hohenzethen
Oetzendorf
4
Elbe-Seitenkanal
Middefeitz
Schwemlitz
Emmendorf
Stöcken
Dommatzen
493
Zarenthien
191
Rosche
Rätzlingen
14 Clenzer Schweiz
Uelzen
Findlingspark
Hanstedt II
71
5 km
3.11 mi
Clenze
Suhlendorf
4
Lehmke

MARCO POLO HIGHLIGHTS

★ **NEMITZER HEIDE**
Bilderbuchheide, wo man sie gar nicht erwartet ➤ S. 116

★ **ARCHÄOLOGISCHES ZENTRUM**
In Hitzacker erlebst du, wie man in grauer Vorzeit wohnte und arbeitete ➤ S. 113

★ **BIOSPHAERIUM ELBTALAUE**
Infozentrum zur Elbtalaue – mit Liveschalte ins Storchennest ➤ S. 109

★ **FINDLINGSPARK**
Geologie fürs Auge im Findlingsgarten in der Clenzer Schweiz ➤ S. 117

★ **LÜBELN**
Das interessanteste der vielen Rundlingsdörfer im Wendland ➤ S. 116

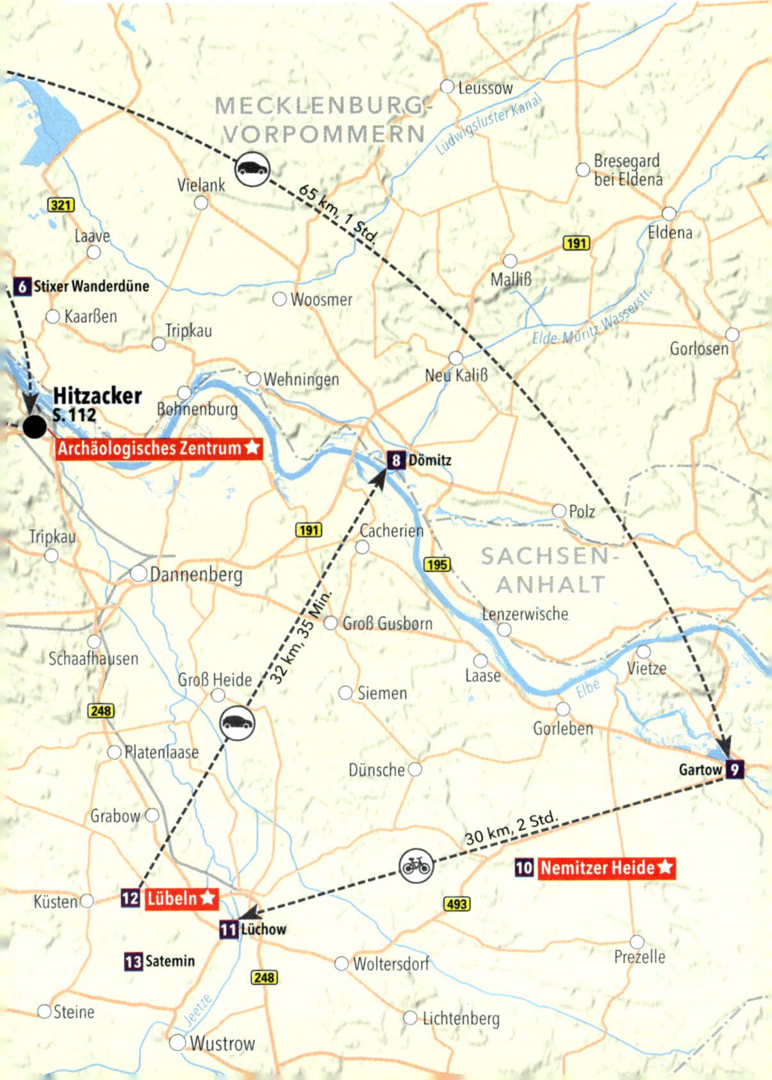

Und auch viele Tiere finden in der Elbtalaue paradiesische Zustände vor. Gänse, Schwäne und Kraniche sind Darsteller beeindruckender Vogelzüge im Frühjahr und Herbst, Graureiher, Rotmilane und mit etwas Glück sogar Seeadler können Begleiter deiner Touren sein. Zernagte Bäume zeugen von den hier lebenden Bibern. Während einer Radtour, z. B. entlang des Elberadwegs, wird dir sicher der eine oder andere Storch auf der Suche nach Fröschen oder anderem Essbarem begegnen. Jeder dritte niedersächsische Storch ist hier zu Hause. Alles gute Gründe dafür, dass die gesamte Elbtalaue als Biosphärenreservat unter dem Schutz der Unesco steht. Der niedersächsische Teil beginnt südöstlich von Hamburg und endet 100 km weiter südlich in Schnackenburg. Wer am östlichen Elbufer radelt, fährt durch ein verwunschenes Naturidyll. Hier bestimmen Deiche, mächtige, knorrige Erlen und Weiden im Elbvorland und weite Wiesen die Landschaft.

Vom westlichen Elbufer zieht sich landeinwärts das Wendland, eine ebenso schöne wie ungewöhnliche Region. Ungewöhnlich deshalb, weil es nur hier in Deutschland Rundlingsdörfer gibt: Mächtige alte Fachwerkhöfe gruppieren sich im Kreis oder tropfenförmig um den Dorfplatz. Und wo gibt es schon Dörfer mit Namen wie Kröte, Kukate oder Klöterhörn? Vornehmer und geheimnisvoller klingen da Mammoißel, Tolstefanz oder Satemin. Sie sind ein Indiz für den Ursprung dieser geschlossen wirkenden Siedlungsform: Die Slawen, auch Wenden genannt, brachten sie mit, als sie sich bereits im 7. Jh. in der Region ansiedelten. Bei Bränden wurde die enge Bebauung manchen der Rundlinge zum Verhängnis: Leicht griff das Feuer von Haus zu Haus über und konnte unter Umständen auch mal ein ganzes Dorf vernichten. Die Angst vor dem Feuer lässt sich noch heute in manchen Giebelinschriften der imposanten Gebäude ablesen. Schön sind die Rundlinge auf jeden Fall und sie beherbergen jede Menge nette Cafés, Keramikläden und nachhaltig lebende Menschen. Jedes Jahr zwischen Himmelfahrt und Pfingsten verwandelt sich das Wendland während der „Kulturellen Landpartie“ in ein großes Kultur- und Kunsthandwerksszenario unter freiem Himmel. Freie Betten gibt es dann kaum, dafür aber Platz und das Okay der Gastgeber fürs mitgebrachte Zelt.

BLECKEDE

(🕮 J2) **Das kleine Fachwerkstädtchen (9600 Ew.) liegt direkt an der Elbe und der ehemaligen deutsch-deutschen Grenze.**

INSIDER-TIPP **Poleposition am Wasser**

Dank dieser bevorzugten Lage ist sie ein toller Ausgangspunkt für Spaziergänge entlang des Stroms und des vogelreichen Deichvorlands. Die *Fähre Tanja (Mo–Sa 5–21, So 9–21 Uhr | 1,70 Euro, Fahrrad 1,30 Euro, PKW 3,50 Euro)* bringt dich von hier mitsamt Auto, Motor- oder Fahrrad in ein paar Minuten rüber ans andere Elbufer nach Neu-Bleckede.

Auge in Auge mit dem Storch: Ein Spaziergang in der Elbtalaue ist Pflicht für Vogelschwärmer

SIGHTSEEING

BIOSPHAERIUM ELBTALAUE ★

Hauptanziehungspunkt in Bleckede ist das Elbschloss, das auf den Resten einer Wasserburg von 1270 errichtet wurde. Im Westflügel und in der ehemaligen Remise sind die Touristinformation und das Biosphaerium untergebracht. Es informiert sehr anschaulich mit netten Schmankerln wie Windmaschine, Überflutungsmodell und Vogelstimmenklavier über die Natur, Vogel- und Wasserwelt an der Elbe. Eine Kamera liefert hautnahe Bilder aus einem nahen Storchennest, in der Aquarienlandschaft werden die verschiedenen Lebensbereiche im Fluss zwischen Buhnen und Strommitte deutlich. Größte Attraktion ist die Biberanlage, wo du in die Burg einer Biberfamilie blicken und die Tiere auch im Freigehege beobachten kannst – wenn sie nicht gerade schlafen oder sich verstecken, wie es zur Besuchszeit schon mal der Fall sein kann. *Schlossstr. 10 | biosphaerium.de | April–Okt. tgl. 10–18, Nov.–März Mi–So 10–17 Uhr | 2 Euro | ⏲ 1 Std.*

SPORT & SPASS

WANDERUNG IN DER ELBTALAUE

Von herber Schönheit ist die Natur der Elbtalaue. Vom Biosphaerium führt eine rund 7 km lange Rundwanderung in etwa zwei Stunden durch einen Teil des Biosphärenreservats. Vorbei an Uferröhricht, Brackwasser und Feldern geht es mehr oder minder nahe an der Elbe und ihren Nebenarmen nordwärts Richtung Heisterbusch. Nach etwa 50 Minuten biegst du kurz vor dem Gehöft im Heisterbusch vor einer Eichengruppe nach links auf einen Grasweg ab und stehst nach gut fünf Minuten auf dem Deich am Rand des Waldgebiets Vitico mit vielen Stieleichen und Hainbuchen. Im Wald verborgen nisten zahlreiche Graureiher. Auf der Grasnarbe des Deichs an einem breiten Totarm der Elbe entlang (viele Wasservögel!) geht es dann zurück zum Schloss. Wind und Wasser, Gänse und Graureiher sind deine Begleiter. Anschließend lockt eine Pause im *Schlosscafé (schlosscafe-bleckede.de | Do–So 12–18 Uhr).*

RUND UM BLECKEDE

1 SPARGELHOF STRAMPE

8 km südwestlich von Bleckede/ 10 Min. über die Lüneburger Str.

Nicht nur, dass du in dem Hofladen im Dorf *Neetze* leckere Brotaufstriche, Marmeladen und zur Saison Spargel, Kürbis, Erdbeeren und Blaubeeren bekommst: Der Laden hat außerdem eine der besten Kuchentheken der Region! Die riesigen Blechkuchenstücke, gebacken von Landfrauen, verheißen pures Glück – entweder zum Dort-Essen im angeschlossenen Café oder zum Mitnehmen. Tolle Rezepte zum Nachmachen auf der Website. *Lüneburger Landstr. 1 | spargelhof-strampe.de | tgl. 8–18 Uhr |* *J2*

INSIDER-TIPP **Im Kuchenhimmel**

2 ORCHIDEENGARTEN KARGE

13 km südlich von Bleckede/15 Min. über Köstorf

Das Herz der Familie Karge schlägt für die Orchidee, und das seit Generationen: Schon seit 120 Jahren ist die Gärtnerei in *Dahlenburg* im Familienbesitz. Von Anoectochilus bis Zygopetalum reicht die schier unerschöpfli-

Das Schloss in Bleckede mit dem Biosphaerium: Start einer Wanderung durch die Elbtalaue

che Palette der exotischen, in allen Farben schillernden Gewächse, die sich in dem großen Orchideengarten ausbreiten. Wenn du dich nicht entscheiden kannst, hilft dir Marei Karge-Liphard oder eine der anderen fachkundigen Mitarbeiterinnen bei der Auswahl. Die Eindrücke kannst du anschließend gut bei Kaffee und Kuchen im angeschlossenen *Café (Mi–So 10–17 Uhr)* sortieren. *Bahnhofstr. 17 | orchideengarten-karge | Mo–Fr 9–17, Sa 9–16, So 10–13 Uhr | J3*

3 STIEPELSE

7 km östlich von Bleckede/30 Min. mit dem Rad über Neu-Bleckede

INSIDER-TIPP
Entspanntes Idyll am Elberadweg

Eine Straße, zwei Lokale direkt am Elberadweg und sonst nur Elbe und Deich: **Das winzige Dorf ist wunderbar zum Rumtrödeln, Radfahren und Räucherfisch- oder Bioeis-Essen.** Am Deich lässt sich ohne Weiteres ein ganzer Tag vertrödeln: am Elbstrand spazieren, Füße ins Wasser halten, Stöckchen für den Hund schmeißen, ein Stückchen den Elberadweg entlangfahren, Störche und vorübertuckernde Schiffe beobachten, auf dem Mehrgenerationenplatz spielen ... und zwischendurch immer wieder einkehren.

Leckereien vom regionalen Schwein, hausgemachte Pizza und Burger, Fischiges und mehr bekommst du im *Moin – Die Räucherkate (Elbstr. 7 | Tel. 0152 05 37 54 47 | moin-dieraeucherkate.de | Mo–Mi, im Winter auch mittags geschl. | €–€€).* Draußen vor dem Lokal gibt es einen Biergarten und zwei Schiedsrichterhochsitze – von dort aus hast du mit der Biolimo oder dem Bier in der Hand einen tollen Ausblick auf die Elbe. Oder du lümmelst noch weiter vorn am Deich auf den Sesseln aus Europaletten und genießt das Treiben an und auf der Elbe. Ein gemütliches Bistrocafé mit Produkten von Elbebauern ist das *Plan b (Elbstr. 5 | Tel. 0172 3 72 68 29 | plan-b-stiepelse.de | Fr–Di 12–18, Sa bis 20 Uhr | €).* Innen ist es mit Antiquitäten ausgestattet, die du auch kaufen kannst, draußen im lauschigen Garten mit kunterbunten Kunstobjekten. *K2*

4 KONAU-POPELAU

15 km südöstlich von Bleckede/ 1 Std. mit dem Rad über Stiepelse

Wenn du von Bleckede aus mit der Fähre übersetzt und ein paar Kilometer auf dem Deich Richtung Süden radelst, triffst du kurz vor Darchau auf das denkmalgeschützte Dorf. Es gehörte zum Sperrgebiet der DDR – das bedeutete damals den nahezu vollkommenen Entwicklungsstillstand für den Ort. Sperrzäune, Wachtürme und Zwangsaussiedlungen bestimmten den Alltag der dort Lebenden.

Grünes Elbvorland, silbrige Weiden und schöne alte Höfe prägen heute das Bild, schön zu entdecken auf einem Rundweg durchs Dorf. Als sogenanntes Marschhufendorf nach holländischem Vorbild gebaut, gibt es keinen Dorfplatz, die reetgedeckten Häuser stehen nebeneinander aufgereiht am Elbdeich. Gönn dir hier bei deiner Wanderung oder Radtour eine Pause auf einer Bank mit Blick auf die Elbe – oder im *Gelben Richard (April–*

Okt. Do–So 11–18 Uhr): Das Café im historischen Gebäudekomplex Konau 11 ist nach einer für die Gegend typischen alten Apfelsorte benannt. *K2*

5 DARCHAU

17 km südöstlich von Bleckede/ 1 Std. mit dem Rad über Stiepelse

Hier gibt es einen Wohnmobilstellplatz direkt am Fluss und einen der letzten DDR-Wachtürme – ein ebenso eindrucksvolles wie leicht gruseliges Mahnmal, das an die einstige Teilung Deutschlands erinnert. Im liebenswert-altmodischen *Café von Rautenkranz (Hauptstr. 9 | cafe-von-rautenkranz.de | April–Nov. Di–So, Jan.–März Sa/So 14–18 Uhr)* kannst du leckere hausgemachte Torten und Kuchen und beim Blick von der Terrasse dieses wunderschöne Fleckchen Erde genießen. *K2*

6 STIXER WANDERDÜNE

28 km südöstlich von Bleckede/50 Min. über Neu-Bleckede und die B 195

Dieses Relikt aus der letzten Eiszeit, eine wandernde Riesendüne zwischen Zeetze und Kaarßen, ist ein ungewöhnliches Naturschauspiel. Vor 10 000 Jahren hat es hier immer wieder ordentlich gestürmt, Flugsand türmte sich bis zu 30 m hoch auf. Trotz der Kiefern, die dort gepflanzt wurden, ist die Düne immer noch in Bewegung: Die Bäume werden nach wie vor bis zum Wipfel vom Sand eingegraben und irgendwann wieder vom Wind freigepustet.

Seit den 1980er-Jahren ist das Areal Naturschutzgebiet, das Heidelerchen, Ziegenmelker und andere seltene Tier- und Pflanzenarten zu ihrem Zuhause erklärt haben. Einige schöne Wanderwege führen hindurch und von ganz oben hat man einen phantastischen Blick auf die Elbtalaue. *L3*

HITZACKER

(L3) **Das schöne Fachwerkstädtchen (4900 Ew.) liegt auf einer kleinen, tropfenförmigen Insel zwischen der Elbe und der hier mündenden Jeetzel.**

In der hübschen Altstadt bummelt es sich entspannt entlang sorgsam restaurierter Fachwerk- und Backsteinhäuser; Hochwassermarkierungen zeigen, wie ihnen einst das Elbwasser buchstäblich bis zum Hals stand. Und das nicht nur einmal, daher schützt seit 2008 ein hochmodernes Wall- und Pumpsystem die Stadt.

SIGHTSEEING

ALTES ZOLLHAUS

In diesem 1589 fertiggestellten, ältesten Gebäude Hitzackers ging es schon vor Jahrhunderten um reichlich Kohle. Damals lag das Zollhaus am Wasser, sodass die Elbschiffe direkt anlegen konnten. Waren mussten hier deklariert und Zoll entrichtet werden. Das Haus hat so einiges er- und überlebt, z. B. einen Großbrand im Jahr 1668, bei dem alle anderen Häuser vernichtet wurden. Heute hat in dem stattlichen Fachwerkhaus das *Museum Hitzacker (Zollstr. 2 | museum-hitzacker.de | März–Nov. Di–So 10–17 Uhr |*

Auf einer Insel zwischen Elbe und Jeetzel liegt die kleine Altstadt von Hitzacker

3,50 Euro) seinen Sitz. Es erzählt von der Geschichte der Stadt und der Bedeutung der Elbe für die Region mitsamt der deutsch-deutschen Teilung. Im Museum kann man auch tolle Touren mit dem Sofafloß buchen: Mit der „Herzogin Dorothea" geht es zur Exkursion auf der Elbe *(Anmeldung Tel. 05862 8838 | 95 Euro 1 Std., jede weitere 85 Euro).*

INSIDER-TIPP
Wir schippern auf'm Sofa

WEINBERG

164 Stufen oder ein gewundener Wanderweg führen von der Altstadt hinauf zum Weinberg. Die hübschen Fachwerkhäuschen entlang des Wegs stammen aus Kaisers Zeiten vom Ende des 19. Jhs., als Hitzacker noch Kurbad war. Vom Plateau oben hat man einen tollen Blick auf Stadt, Elbe und 99 Reben. Die bringen jährlich zwar nur ca. 50 Flaschen hervor, dennoch gibt es jedes Jahr ein Weinfest samt Königinnenwahl. Und das Jawort im Grünen kann man sich hier oben auch geben.

ARCHÄOLOGISCHES ZENTRUM ★

Schon vor ca. 3000 Jahren lebten Menschen an der Elbe, bei Ausgrabungen stieß man auf Hausgrundrisse aus jener Zeit. Wie es sich während der Jungsteinzeit lebte, kannst du im Freilichtmuseum beim Bogenschießen, Paddeln im Einbaum, beim Herstellen von Schmuck oder Jagdtaschen, beim Schilfmattenflechten oder Sammeln von Kräutern und an vielen weiteren Mitmachstationen ausprobieren. *Elbuferstr. 2–4 | archaeo-zentrum.de | April–Okt. tgl. 10–17 Uhr | 4 Euro | ⏲ 2 Std.*

ESSEN & TRINKEN

CAFÉ ALBIS

Niedliches Café im Ortskern mit kleinen Gerichten, leckerem selbst gebackenem Kuchen und sehr gutem Kaffee. Schattiger Innenhof für heiße Tage. *Hauptstr. 3 | Tel. 05862 9 87 61 32 | cafe-albis.de | Di und Do geschl. | €*

SHOPPEN

WÖCKWORX

Kleine Keramikwerkstatt mitten in der Altstadt mit wunderschönen getöpferten Tassen, Krügen, Fahrradvasen und weiteren Wendland-Schmuckstücken. *Elbstr. 14 | fahrradvase.de*

SPORT & SPASS

HIDDOBAD

Die große Attraktion in Hitzackers Freibad ist die 90 m lange Riesenrutsche. Du kannst im 25 m langen Edelstahlbecken schwimmen, Grillhütten mieten oder Beachvolleyball spielen. Außerdem gibt es Tischtennisplatten und einen Bolzplatz. *Rieselweg 3 | wasserverband-dan.de | Mai–Sept. tgl. 10–20 Uhr | 4 Euro, Kinder 2,50 Euro*

RUND UM HITZACKER

7 GÖHRDE

15 km westlich von Hitzacker/15 Min. über Metzingen

Der Staatsforst Göhrde ist der größte Mischwald in ganz Norddeutschland, hier kannst du kilometerweit wandern. Vom Jagdschloss ist der Marstall erhalten geblieben, in dem das *Naturum (König-Georg-Allee 5 | naturum-goehrde.de | April–Okt. Fr 14–18, Sa/*

Ob beim SUP oder im Tretboot: Entschleunigung ist das Motto für den Gartower See

So 11–18 Uhr | 3,50 Euro, Kinder 4–17 Jahre 2 Euro) eingerichtet ist, ein Walderlebniszentrum mit tollem Infotainment rund um den Wald: Ein Frage-und-Antwort-Spiel wartet im Waldlabyrinth, im Waldtheater schlüpfen die kleinen Besucher in verschiedene Rollen des Naturraums Wald und im Waldkino bringen die Wildtiere Kindern das Leben von Tieren und Pflanzen in diesem Ökosystem näher. Wald- und naturkundliche Führungen gehören ebenfalls zum Programm. Das schönste Ausstellungsstück des Naturums ist jedoch der jahrhundertealte Mischwald selbst. Den Naturpfad und das Waldlabyrinth kannst du ganzjährig auf eigene Faust erkunden. *K3*

8 DÖMITZ

25 km östlich von Hitzacker/30 Min. über Dannenberg und die B 191

Ein paar Kilometer stromaufwärts, auf der gegenüberliegenden Flussseite von Hitzacker, rekelt sich die *Festung Dömitz (festung-doemitz.de | Mai–Okt. Di–Fr 10–17, Sa/So 10–17.30, Nov.–April Mi–So 12–16 Uhr | 5,50 Euro),* das Wahrzeichen der Stadt. Im Fünfeck angelegt, demonstrieren rote Backsteinmauern, Sandsteinportale, Festungsgraben und -brücke, wie man sich zu Zeiten der Renaissance zur Wehr setzte. Die historische *Altstadt* liegt auf einer Insel zwischen der Elbe und ihren Altarmen. Beschließ den Rundgang mit einem Getränk im *Panoramacafé (Hafenplatz 3 | Reservierung Tel. 038758 3642941)* des Hotels Dömitzer Hafen: In einem ehemaligen Speicherhaus sitzt du hier in luftigen 40 m Höhe und hast einen phantastischen Blick über die Elbe. *M3*

INSIDER-TIPP
Flussblick bis zum Horizont

9 GARTOW

35 km südöstlich von Hitzacker/35 Min. über Dannenberg und Gorleben

Der familienfreundliche Luftkurort (1400 Ew.) liegt am Ufer eines großen Sees mit Feriendörfern, einem guten Campingplatz und einigen Wassersportmöglichkeiten. Wanderwege führen um den See und in die abwechslungsreiche Umgebung. Neben dem Gartower Schloss beginnen zwei Biberwege, der *Biberpfad,* ein 2600 m langer Rundweg, und der 6½ km lange *Biber-Rundweg.* Sie führen durch die Niederung des Flüsschens Seege, an dem Schautafeln über den Biber informieren. Mit etwas Glück siehst du die Tiere auf der Hälfte der Strecke von der Seegebrücke aus in der Dämmerung auch mit eigenen Augen.

Ganzjährig ist die *Wendland-Therme (Am Helk 1 | wendlandtherme.de | stark gestaffelte Zeiten und Preise s. Website)* geöffnet. Gegenüber im *Wassererlebnispark* gibt es neben Informativem zu Themen wie Wasserverschmutzung, Entstehung von Hochwasser etc. auch Dinge zum Ausprobieren rund um H_2O, darunter Schöpfgeräte, Brunnen und Fontänen. Bei warmem Wetter geht es an den *Gartower See* zum Baden, Rudern, Segeln oder Stand-up-Paddling. *N4*

10 NEMITZER HEIDE ★

30 km südöstlich von Hitzacker/30 Min. über Dannenberg und Dünsche

Wer im Wendland wieder mal Lust auf Heide hat, findet hinter Trebel ein schönes Stückchen. Die Nemitzer Heide verdankt ihre Entstehung einem Waldbrand im Jahr 1975. Auf dem sandigen, nährstoffarmen Boden konnte sie mit ein bisschen Hilfe von Naturschützern wunderbar wachsen. Ein 14 km langer, ausgeschilderter Wanderweg führt durch die Heidelandschaft. Ausgangspunkt ist das Caférestaurant *Nemitzer Heide-Haus (Tel. 05848 9819443 | nemitzer-heidehaus.de | Mo–Mi und abends geschl. | €)* an der Straße von Trebel nach Nemitz.

Klasse regionale Landküche servieren die *Trebeler Bauernstuben (Am Markt 5 | Tel. 05848 213 | trebeler-bauernstuben.de | wechselnde Öffnungstage s. Website | €€–€€€)* unter Fachwerkgebälk in *Trebel*. Im *Nachtcafé*, das von Zeit zu Zeit stattfindet, kombinieren die Wirtsleute gekonnt Kunst, Konzerte und Kabarett mit Kulinarik. *M4*

11 LÜCHOW

25 km südlich von Hitzacker/25 Min. über die B 248

Fachwerk und jede Menge Kunsthandwerk prägen die Kreisstadt (9400 Ew.) des Wendlands. Kultig ist das *Stones-Fan-Museum (Dr.-Lindemann-Str. 14 | stonesfanmuseum.com | Ostern–Okt. Di–So 12–18 Uhr | 10 Euro | 1 Std.)*, das mit einer umfassenden Sammlung von Kunstwerken ihres Gitarristen Ron Wood an die legendäre Band erinnert. *L4*

INSIDER-TIPP
Die Stones sind Kult!

12 LÜBELN ★

25 km südlich von Hitzacker/25 Min. über die B 248

Mit seinem gut gemachten *Freilichtmuseum (rundlingsmuseum.de | April–Okt. Di–So 10–17 Uhr | 5 Euro)* ist Lübeln das touristisch am weitesten entwickelte Rundlingsdorf. In fotogenen Fachwerkhäusern zeigen Flachs- und Leinenhaus, Schmiede, Trachten- und Backhaus und viele weitere Gewerke das Leben und Arbeiten der Wendländer vor 200 Jahren. Häufig finden Vorführungen, Thementage und Familienwochenenden statt. *L4*

13 SATEMIN

25 km südlich von Hitzacker/30 Min. über Lübeln

Das traumhafte Rundlingsdorf ist im Sommer unschlagbar als Ausgangspunkt für Radtouren. Eichen säumen den großen Dorfplatz, um den sich die mächtigen Hallenhäuser gruppieren. Die Verzierungen in den Fachwerkbalken beklagen die Feuersbrunst, die 1850 nahezu das gesamte Dorf nie-

Man glaubt es kaum: Die Nemitzer Heide ist einem Waldbrand zu verdanken

derbrannte. Auf königliche Anordnung hin wurden alle verfügbaren Zimmerleute der Region zusammengezogen, die die Häuser wieder aufbauten. Das erklärt die besonders geschlossen wirkende Bauweise des Dorfs. Die kleine Dorfkirche steht wie bei fast allen Rundlingen etwas außerhalb – der Bau von Kirchen erfolgte zu Zeiten der Christianisierung, als die Rundlinge schon errichtet waren. Ein schönes, kleines Landhotel mit Café ist der *Markthof (Tel. 05841 70 92 30 | markthof-satemin.de | Öffnungszeiten je nach Wetterlage | €)* in einem Fachwerkhof. Direkt davor liegt die große Dorfwiese mit Spielplatz. *L4*

14 CLENZER SCHWEIZ

30 km bis zum Findlingspark südlich von Hitzacker/35 Min. über Pudripp und Zernien

Hier wird es hügelig: In der Clenzer Schweiz siehst du quasi die Überreste der letzten Eiszeit. Diese bewaldete Endmoränenlandschaft lässt sich gut durchwandern oder per Rad entdecken. An der Straße von Clenze nach Reddereitz liegt links ein frei zugänglicher ★ *Findlingspark (findlingspark-clenzer-schweiz.de).* 84 Findlinge, zwischen 4,5 Mio. und 2 Mrd. Jahre alt, sind zu einer 270 m langen Spirale aufgereiht. Es gibt einen besonders schönen Spielplatz und eine Grillhütte. *K4–5*

ERLEBNIS TOUREN

Lust, die Besonderheiten der Region zu entdecken? Dann sind die Erlebnistouren genau das Richtige für dich! Ganz einfach wird es mit der MARCO POLO Touren-App: Die Tour über den QR-Code aufs Smartphone laden – und auch offline die perfekte Orientierung haben.

1 WANDERUNG IM HERZEN DER HEIDE

- Durchs Naturschutzgebiet: Mehr Heide geht nicht
- 169 m über dem Meeresspiegel: der Wilseder Berg
- Nostalgisches Museum in Wilsede und das Traumtal Totengrund

Niederhaverbeck	Niederhaverbeck
12,4 km	5–6 Stunden, reine Gehzeit gut 3 Stunden
sehr leicht	100 m

Wechselnde Öffnungszeiten des **Heidemuseums Dat Ole Huus** in **3 Wilsede** auf *verein-naturschutzpark.de* checken. Der **Wilseder Hof** ist von November bis April sowie grundsätzlich Mo/Di geschlossen.
Kostenloser Heide-Shuttle (s. S. 130) nach Niederhaverbeck

Der Johann-Sebastian-Bach-Platz vor St. Michaelis liegt mitten in Lüneburgs Senkungsgebiet

Die Wanderung beginnt in **❶ Niederhaverbeck** am **Haus der Natur** *(wechselnde Zeiten s. Website | verein-naturschutzpark.de),* dem du zur Einstimmung einen kostenlosen Besuch abstattest. Hier dreht sich alles um Honig und Bienen. *Über einen gepflasterten Weg geht es dann los, vorbei an der Zufahrt zum Hotelrestaurant* Eickhof in einem Kiefern- und Fichtenforst. *Nach etwa zehn Gehminuten überquerst du die Haverbeeke.* Das kurze Heideflüsschen mündet nahe Niederhaverbeck in die Wümme. *Gleich darauf folgst du dem Wegweiser zum Wilseder Berg, vorbei am Café Heidetal,* und stehst kurz darauf inmitten der ersten Heidefläche. Rechter Hand liegt ein schöner, reetgedeckter Heidschnuckenstall.

❶ Niederhaverbeck

3650 m

HÖHENRAUSCH IN DER HEIDE

Etwa 20 Minuten nach dem Start steigt der Weg erstmals etwas stärker an und führt nun durch schönste Heidehügellandschaft. *Weitere 20 Minuten später gelangst du zu einer Kreuzung nahe einem traditionellen Bienenzaun.* Ein Wegweiser zeigt an, dass es zum „Gipfel" nur noch 600 m sind. *Auf der Kuppe des* **❷ Wilseder Bergs** **➤ S. 102** *erreichst du erst den Gauß-Stein und dann den Findling,* der die stolze Höhe von 169,2 m verzeichnet. Setz dich auf eine Bank und genieß den Panoramablick!

❷ Wilseder Berg

1500 m

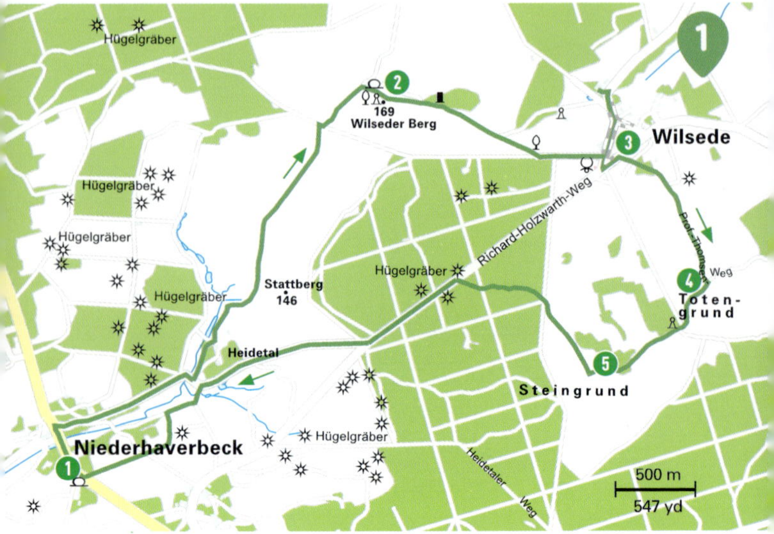

❸ Wilsede

Von nun an *folgst du den Wegweisern* zum noch 1,5 km entfernten **❸ Wilsede ➤ S. 102**. Für die Besichtigung des autofreien Weilers und seines **Museums** solltest du etwa 40 Minuten einplanen. Besonders schön und etwas abseits des Trubels isst du dann im **Wilseder Hof** *(Tel. 04175 3 11 | wilsederhof.de | Mai–Okt. Mi–So 11–17 Uhr | €€)*. Wenn der geschlossen hat, ist das SB-Restaurant **Milchhalle Wilsede** *(Tel. 04175 80 29 32 | verein-naturschutzpark.de | Zeiten s. Website | €)* eine Alternative, wo es allerlei von der Heidschnucke gibt.

2200 m

HEIDE PUR: TROCKENTÄLER UND WACHOLDER

Dem Museum und dem ebenfalls guten Restaurant Zum Heidemuseum gegenüber steht neben dem Gästehaus Domizlaff ein Wegweiser zum 1 km entfernten Totengrund. *Etwa zwei Minuten nach einem weiteren Schafstall mündet der Weg auf den Hermann-Löns-Weg. Du hältst dich rechts* und wanderst nun am oberen Rand des **❹ Totengrunds ➤ S. 102** – mit grandiosem Blick in dieses schönste aller Heidetäler – und später des **❺ Steingrunds ➤ S. 102** entlang. Vom Steingrund aus gehst du *etwa fünf Minuten* durch einen besonders dichten und bizarren Wacholderwald, *bevor du auf eine Kreuzung stößt.*

❹ Totengrund

950 m

❺ Steingrund

Folg dem Wegweiser geradeaus in Richtung Niederhaverbeck und spazier nun durch den Staatsforst Sellhorn. *Nach knapp zehn Minuten hast du eine fast nur von Pferdekutschen befahrene Straße erreicht. Folgst du ihr nach links, kommst du nach 1,1 km an eine Straßengabelung.* Links geht es nach Ober-, *rechts ins noch gut 2 km entfernte* ❶ Niederhaverbeck.

4100 m

❶ Niederhaverbeck

❷ STADTRUNDGANG IN LÜNEBURG

- **Zeitreise durch Mittelalter und Renaissance**
- **Salz, Bier und Schokolade sind deine Begleiter**
- **Tolle Plätze, alte Schätze: Lüneburgs Kirchen**

Start: Parkplatz Sülzwiesen
Ziel: Parkplatz Sülzwiesen
Strecke: gut 4 km
Dauer: 5–7 Stunden, reine Gehzeit 1–1 ½ Stunden

Vom ❶ Parkplatz Sülzwiesen *querst du die Straße Am Bargenturm und gelangst über die Straße Hinter der Saline zur Rückseite eines Supermarkts. Wenn du den umrundet hast, stehst du vor dem Eingang zum* ❷ Deutschen Salzmuseum ➤ S. 48, wo du alles über das weiße Gold erfährst, das Lüneburg reich gemacht hat. Wer mag, kann sich hier auch mal als Salzknecht betätigen und in der Museumshütte Salz sieden. *Überquer beim Verlassen des Museums den davor liegenden Parkplatz nach links; er mündet auf den Sankt-Lamberti-Platz am Rand der Altstadt.* Dort beginnt die ❸ Heiligengeiststraße mit vielen kleinen Geschäften und dem Brauereimuseum ➤ S. 48. Nach dessen Besuch ist ein Bier in einer der urigen Gaststätten legitimer denn je – beispielsweise in der Krone ➤ S. 49. *Die Heiligengeiststraße bringt dich dann weiter zum Lüneburger Prachtplatz* ❹ Am Sande ➤ S. 44 mit der Kirche Sankt Johannis, einer der ältesten Kirchen in ganz Niedersachsen, und vielen historischen Häusern – achte hier einmal auf die zahlreichen ganz unterschiedlichen Backsteingiebel!

❶ Parkplatz Sülzwiesen

❷ Deutsches Salzmuseum

❸ Heiligengeiststraße

❹ Am Sande

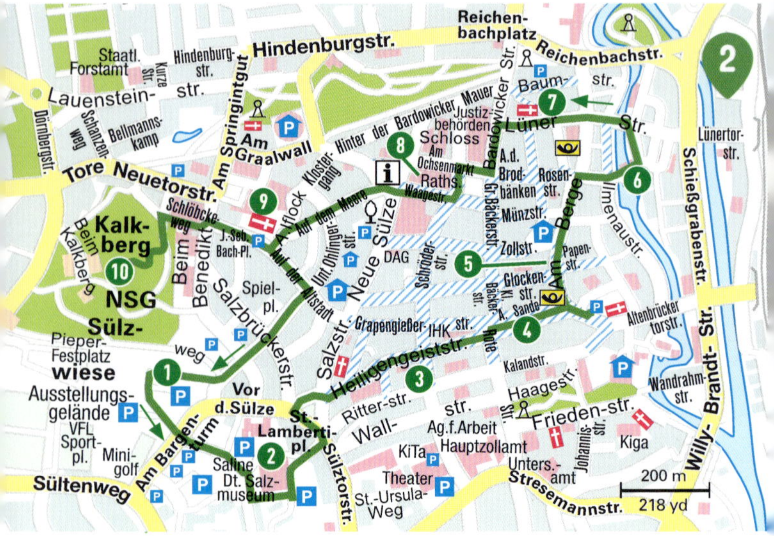

5 Lüneburger Schokoladenmanufaktur

Durch die Gasse Am Berge, wo du in der **5 Lüneburger Schokoladenmanufaktur** *(schokopraline.de)* bei der Schokoladen- und Pralinenherstellung zusehen kannst, kommst du an vielen weiteren guten Einzelhandelsgeschäften vorbei ins **6 Wasserviertel** ➤ S. 46 mit dem Alten Kran und etlichen Kneipen, die im Sommer ihre Tische direkt an der Ilmenau aufgestellt haben.

6 Wasserviertel

ZU LÜNEBURGS SCHIEFEN HÄUSERN

7 Sankt-Nicolai-Kirche

8 Rathaus

Die Lüner Straße bringt dich zur **7 Sankt-Nicolai-Kirche** ➤ S. 46 *und die Bardowicker Straße von dort zum* **8 Rathaus** ➤ S. 46 am Markt. Es hat sehr schöne, kostbar ausgestattete Räume, die im Rahmen einer Führung lebendig werden. Hier kannst du dich bei der Touristinformation mit Veranstaltungshinweisen und auch mit Souvenirs versorgen, bevor du deinen Bummel *auf der Straße Auf dem Meere bis zur* **9 Sankt-Michaelis-Kirche** ➤ S. 47 fortsetzt. Dabei kommst du durch das Senkungsgebiet, in dem sich die Spuren des Salzabbaus zeigen: Viele Häuser haben schiefe Mauern oder verzogene Fenster. Mit ihren schönen Portalen und pittoresken Ziehkränen sind sie herrliche Hingucker und zeigen, wie hier früher gewohnt wurde. *100 m*

9 Sankt-Michaelis-Kirche

oberhalb liegt an der Straße Beim Benedikt ein Zugang zum Naturschutzgebiet ⑩ **Kalkberg**, auf dessen Gipfel du in zehn Minuten durch dichtes Grün hinaufspazierst. *Wieder vorbei an der Michaeliskirche gehst du dann durch die Gasse Auf der Altstadt bis zur Oberen Ohlingerstraße, biegst nach rechts in sie ein und kommst so zum* ① **Parkplatz Sülzwiesen** *zurück.*

⑩ Kalkberg

① Parkplatz Sülzwiesen

③ RADTOUR ZU RUNDLINGSDÖRFERN IM WENDLAND

- **Typisch Wendland: Rundlinge, Rübenburgen und Kultkneipen**
- **Besuch im aufmüpfigen Meuchefitz**
- **Kult im Wohnzimmer der Wittlerin und im Stones-Museum**

Start: Jeetzel bei Lüchow
Ziel: Jeetzel bei Lüchow
Strecke: 22 km
Dauer: 6–8 Stunden, reine Fahrzeit 2–3 Stunden

Fahrradvermieter in der Region findest du unter *wendland-elbe.de.*
Das Stones-Fan-Museum in ⑦ **Lüchow** ist montags und von November bis Ostern geschlossen.

Deine Tour beginnt südlich von Lüchow in ① **Jeetzel**. *Fahr von hier auf der L261 etwa 500 m in Richtung Lüchow zurück und bieg dann links nach* ② **Satemin** ➤ S. 116 *ab. Immer geradeaus* kommst du direkt auf den großen Dorfplatz, an dem du einen guten Kinderspielplatz und zwei Cafés findest. Auch Wendländer sind hier häufig zu Gast. Wer mag, kommt leicht mit Einheimischen ins Gespräch. Nach einem Klönschnack gehts weiter.

① Jeetzel

4 km

② Satemin

2 km

WAS IST DENN EINE RÜBENBURG?!

Der Dorfplatz knickt nach links ab, du passierst die wendlandtypisch am Dorfrand gelegene Kirche und kommst nach ③ **Güstritz**, wo ein Wohnhaus im Stil der Gründerzeit, die sogenannte **Rübenburg**, die ansonsten harmonische Idylle des Rundlings mit dem Zeit-

③ Güstritz

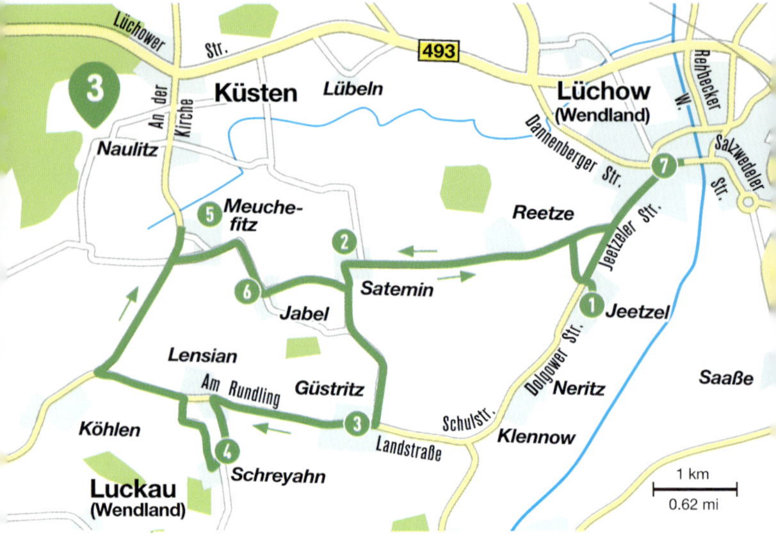

geist der vorletzten Jahrhundertwende durchbricht. Rübenburgen nannte man die stattlichen Häuser, die sich gegen Ende des 19. Jhs. manche Bauern bauten – der Rübenanbau war damals ein sehr einträgliches Geschäft. Daher also die kleinen Türmchen, vorspringenden Erker und weitere für Rundlinge ganz untypische Stilelemente dieser Rübenburg-Villa. Auch heute ist hier wieder der Zeitgeist zu Hause: Eine Kommune informiert auf Stelltafeln über ihre Visionen. Wer daran Interesse hat, kann sich auch in der angeschlossenen Gärtnerei informieren.

2 km

KALIBERGBAU UND ATOMMÜLL

Auf der wenig befahrenen L261 geht es anschließend weiter über Lensian ins unmittelbar südlich davon gelegene **4 Schreyahn**. Infotafeln auf dem Dorfplatz klären über den Kalibergbau auf, der am Dorfrand zwischen 1905 und 1926 betrieben wurde. *Zurück in Lensian, folgst du der Beschilderung ins malerische* **5 Meuchefitz**, das sich ganz antikapitalistisch gibt: Gleich gegenüber der Dorfkirche wird die Welt auf Bannern aus marxistischer Sicht erklärt. Das nur selten geöffnete Gasthaus *(meuchefitz.de)* – jeden Donnerstagabend ab

4 Schreyahn

4 km

5 Meuchefitz

1 km

INSIDER-TIPP **Zeitreise in die 1980er**

18 Uhr ist hier Kneipe mit vegetarischem Essen und geselligem Miteinander angesagt – diente als Treffpunkt für den Widerstand gegen den Atommüll-Standort Gorleben und ist noch heute Ideenschmiede für alternative Projekte.

ZWEI UNGEWÖHNLICHE KULTURSTOPPS

Fährst du nun weiter nach ❻ Jabel, kannst du dort in Wittlerins Wohnzimmer *(Tel. 05841 9 74 01 81 | tinewittler.de)* essen und Kultur genießen: Inhaberin ist die aus Film und Fernsehen bekannte Tine Wittler. Vielleicht kommst du in der Kulturbar auch mit Wendlandbewohnern ins Gespräch. Ein Telefon mit Programmansage verrät die Öffnungszeiten. *Danach fährst du erneut über Satemin bis Reetze, das du auch auf dem Hinweg schon passiert hast, biegst hier nach links und gleich darauf rechts ab und gelangst auf dem mit „Tour 13" beschilderten Feldweg nach* ❼ Lüchow ➤ S. 116 hinein. Hier kannst du den Tag zünftig-alternativ im Stones-Fan-Museum mit angeschlossener Bierbar beschließen, *bevor du nach* ❶ Jeetzel *zurückkehrst.*

❻ Jabel
6 km
❼ Lüchow
3 km
❶ Jeetzel

❹ RAD-UND-WANDER-TOUR BEI ROTENBURG AN DER WÜMME

- ➤ Moorwasser, Wald und Windmühle im Westen der Heide
- ➤ Zarte Geschöpfe: Libellen und Moosjungfern
- ➤ Erfrischende Rast am Großen Bullensee

Start: Rotenburg (Wümme)
Ziel: Rotenburg (Wümme)

32 km Radstrecke, 9 km Wanderung

8–10 Stunden, reine Fahrzeit 3, reine Gehzeit 2½ Stunden

Wer kein eigenes Rad dabeihat, bekommt Leihräder (ausschließlich E-Bikes) bei **Endurox** *(Hetzweger Weg 4 | Tel. 04261 68 26 | endurox.de | ab 50 Euro/Tag).*

❶ Rotenburg (wümme)

9 km

❷ Libellenbiotop

2 km

❸ Brockel

1 km

❹ Bauernhof

10 km

Mit eigenen Rädern *startest du am Rathaus in* ❶ **Rotenburg (Wümme)** *und folgst der „Waldroute" auf der Goethestraße durch die Altstadt. Auf der Freudenthalstraße passierst du den Waldfriedhof und folgst anschließend links der ausgeschilderten Route. Wenig später kommst du in den Weiler Wensebrock und biegst dort – weiterhin der Waldroute folgend – links ab zum* ❷ **Libellenbiotop** Wensebrock. Auf etwa 4 ha sind hier rund 20 Libellenarten zu Hause, darunter auch die sonst selten gewordenen Moosjungfern. Mit etwas Geduld bekommst du sicher einige davon zu Gesicht.

INSIDER-TIPP
Die Moosjungfer und ihre Kolleginnen

DAS MAHLEN IST DES MÜLLERS LUST

Die Waldroute bringt dich dann ins Dorf ❸ **Brockel** mit einer 23 m hohen **Windmühle** *(Besichtigung nach Anmeldung bei den Müllern Gerd Dittmers oder Werner Mattick | Tel. 04266 17 48 oder 98 17 02 | 2 Euro)* vom Typ des Galerieholländers. Ein Aufsteller an der Kreuzung macht auf einen *200 m entfernten* ❹ **Bauernhof** *(Dorfstr. 18 | Tel. 04266 22 34 | Di–Sa 8–13, Di, Do und Fr auch 15 –18 Uhr)* aufmerksam, auf dem Roswitha Feldmann in

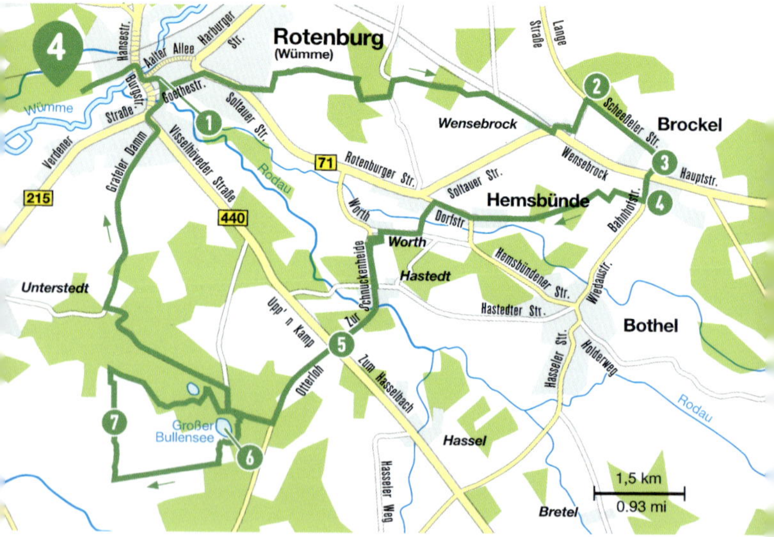

Baywatch am Badesee: die DLRG-Station am Großen Bullensee

ihrem Feinkostladen Geflügelprodukte vom eigenen Hof anbietet – die ideale Ergänzung für dein Picknick. *Danach radelst du über einen anfangs mit Kopfstein gepflasterten, im Mittelstück asphaltierten und zuletzt etwas sandigen Fahrweg weiter auf der Waldroute nach Hemsbünde, das du durchquerst. Über Worth kommst du nach Hastedt, hinter dem die* ❺ Hastedter Schnuckenheide mit schönem Wacholderbestand liegt. *Dann überquerst du die B 440 und kommst zum von Wald umgebenen* ❻ Großen Bullensee, in dem du im dunklen Moorwasser gut baden kannst (Nichtschwimmerbereich und DLRG-Station im Sommer). Anschließend kannst du dich am Sandstrand sonnen und dein Picknick genießen.

Auf einem 1,5 km langen Pfad umrundest du dann den See und kommst dabei auch an den Rand des Naturschutzgebiets ❼ Großes und Weißes Moor. Die 7½ km lange Rundwanderung führt dich auf Bohlenwegen und an einigen Tierbeobachtungshütten vorbei durch die Stille der Natur. *Wieder bei den Rädern, geht es dann am Kleinen Bullensee vorbei zurück nach* ❶ Rotenburg (Wümme). Hier kannst du die Tour im Restaurant am Ahewald *(In der Ahe 29 | Tel. 04261 96 12 05 | restaurantamahewald.de | Mo/Di und außer Sa/So mittags geschl. | €€)* bei einer Stärkung ausklingen lassen.

❺ Hastedter Schnuckenheide

2 km

❻ Großer Bullensee

9 km

❼ Großes und Weißes Moor

8 km

❶ Rotenburg (Wümme)

GUT ZU WISSEN

DIE BASICS FÜR DEINEN URLAUB

ANKOMMEN

ANREISE

Fernzüge der Deutschen Bahn *(bahn.de)* verkehren auf den Strecken Hannover–Celle–Uelzen–Lüneburg–Hamburg, Hannover–Gifhorn–Wolfsburg–Berlin und Hannover–Verden–Bremen. Weitere Heideorte sind mit Regionalzügen ab Hamburg, Hannover oder Bremen zu erreichen, der Rest mit Bussen.

Für Tagesausflüge mit der Bahn kann sich der Kauf des Niedersachsen-Tickets lohnen, das auch für Fahrten nach Bremen und Hamburg und für den öffentlichen Nahverkehr dort gültig ist. Damit können bis zu fünf Personen bis um 3 Uhr früh des Folgetags Mo–Fr ab 9 Uhr, Sa/So ab 0 Uhr alle Züge des Nahverkehrs sowie die öffentlichen Verkehrsmittel in den Städten benutzen. Für die Fahrradmitnahme gelten regional unterschiedliche Regelungen. Einige Sehenswürdigkeiten gewähren bei Vorlage des Niedersachsen-Tickets Ermäßigungen, u.a. das Phaeno in Wolfsburg, das Celler Schloss und das Wolfcenter in Dörverden.

Die Autobahn A7 von Hannover nach Hamburg durchquert die Heide von Süden nach Norden. Von ihr zweigt beim Autobahnkreuz Maschen südlich Hamburgs die A250 nach Lüneburg ab. Drei weitere Autobahnen führen am Rand der Heide entlang: die A1 Hamburg–Bremen–Ruhrgebiet, die A2 Hannover–Magdeburg–Berlin und die A27 Hannover–Bremen–Bremerhaven.

Ans Netz der Fernbuslinien waren in der Lüneburger Heide bei Redaktionsschluss Bergen, Lüneburg, Celle und Soltau angeschlossen. Aktuelle Infos u.a. auf *flixbus.de* oder *busliniensuche.de.*

Auch wenn zur Heideblüte schönes Wetter überwiegt: Ein Regenschirm gehört ins Gepäck

Die nächstgelegenen Flughäfen sind Bremen, Hannover und Hamburg.

AUSKUNFT

In fast jedem Heideort gibt es eine Touristinformation. Zentrale Auskunftsstelle ist die *Lüneburger Heide GmbH (Tel. 04131 3093960 | lueneburger-heide.de).*

REISEZEIT

Klar, das Naturspektakel der blühenden Heide mit ihrem rosaviolett schimmernden Blütenmeer ist besonders schön und die Heide-Schnucken-Schäfer-Romantik lässt vor allem im August und September grüßen – dann ist hier Hochsaison. Die Heide blüht aber nur maximal acht Wochen im Jahr, immer abhängig vom Wetter und unvorhersehbaren Einflüssen, einer Faustregel zufolge meistens zwischen dem 8. 8. und 9. 9. Wer sich vor oder während des Urlaubs über den Blütenstand erkundigen will, kann unter *lueneburger-heide.de* einen Blick auf das Heideblütenbarometer werfen und übrigens auch auf das Wollgrasblütenbarometer im Mai.

Da die Lüneburger Heide außer Heideflächen das ganze Jahr über auch Wälder, Moore, Freizeitparks, Städte, unzählige Kultur-, Sport- und Wellnessangebote und vieles mehr in petto hat, lohnt die Reise hierher unbedingt auch außerhalb der Hochsaison während der Heideblütenmonate. Die Region ist dann nicht so überlaufen und du bekommst ein Zimmer oder ein schönes Plätzchen im Restaurant auch mal, ohne unbedingt vorher zu reservieren.

Frühling und Frühsommer sind herrlich zum Reisen: Der in den letzten Jahren immer spärlicher fallende Regen – ärgerlich und bedenklich für die Landwirtschaft – bedeutet für Reisende in dieser Periode oft trockenes, son-

niges Wetter, manchmal mit ordentlichem Wind, schließlich sind wir in Norddeutschland. Im weit östlich gelegenen Wendland ist es oft wärmer und noch mal trockener als in der westlichen Lüneburger Heide.
Auch die Winter sind in der Heide insgesamt milder geworden, Schnee fällt nur selten. Manchmal gibt es knackig kalte Tage mit Raureif auf den Bäumen – dann ist ein Spaziergang besonders herrlich.
Fast alle Hotels, Restaurants und größeren Museen sind ganzjährig geöffnet, auch manche Tier- und Wildparks. Für Besucher geschlossen bleiben im Winter die Heideklöster und viele kleinere Kirchen, das Heidepark-Resort und der Weltvogelpark Walsrode. Zum Baden laden die großen Thermen und Spaßbäder ein und die Weihnachtsmärkte von Lüneburg und Celle zählen zu den schönsten in Deutschland.

WEITERKOMMEN

ELBFÄHREN

Elbfähren mit Autotransport sind in Bleckede, Neu Darchau, Höhbeck-Pevestorf und Schnackenburg stationiert. In Hitzacker setzt außerdem eine Personen- und Fahrradfähre über die Elbe. Bei Hoch- und bei Niedrigwasser fallen die Fähren auch schon mal aus – vor allem bei Radtouren also vorher unter *elberadweg.de* nachschauen.

URLAUBERBUSSE

Vom 15. Juli bis zum 15. Oktober fahren Heideurlauber kostenlos und umweltfreundlich mit dem Bus durch das Kerngebiet der Lüneburger Heide. Zwischen etwa 8.30 und 19.30 Uhr sind die grünen Busse sechs- bis achtmal täglich unterwegs. Auf jedem Bus ist außerdem Platz für bis zu 14 Fahrräder, die ebenfalls kostenlos befördert werden. Dieser *Heide-Shuttle* wird auf vier Ringlinien in den Landkreisen Heidekreis und Harburg angeboten. Die Fahrpläne für die aktuelle Saison können ungefähr ab Juni im Internet unter *naturpark-lueneburger-heide.de* abgerufen werden.

- Heide-Shuttle 1: Oberhaverbeck–Niederhaverbeck–Ehrhorn–Wintermoor–Schneverdingen–Heber–Bispingen–-Behringen–Oberhaverbeck
- Heide-Shuttle 2: Oberhaverbeck–Wintermoor–Welle–Handeloh–Wesel–Undeloh–Egestorf–Döhle–Behringen–Oberhaverbeck
- Heide-Shuttle 3: Buchholz–Jesteburg–Hanstedt–Wildpark Lüneburger Heide bei Nindorf–Garlstorf–Salzhausen–Egestorf–Undeloh–Wesel–Holm-Seppensen–Sprötze–Buchholz
- Heide-Shuttle 4: Soltau–Timmerloh–Bispingen–Behringen–Oberhaverbeck–Heber–Schneverdingen–Sprengel–Neuenkirchen

IM URLAUB

CAMPING

Es gibt eine Vielzahl kleiner und großer Plätze in allen Regionen des Fe-

FESTE & EVENTS

RUND UMS JAHR

MÄRZ

Musikwoche Hitzacker, *musikwoche-hitzacker.de*

MAI/JUNI

★ **Kulturelle Landpartie** (zahlreiche Orte im Wendland): alternatives Kulturfestival mit über 500 Veranstaltungen, *kulturelle-landpartie.de*

JUNI

Internationales Vielseitigkeitsturnier (Luhmühlen): Im Mekka der Pferdefans geben sich Reiter der Weltelite die Ehre. *tgl.luhmuehlen.de*

Hurricane Festival (Scheeßel): größtes Rockfestival der Heide, *hurricane.de*

JULI/AUGUST

Sommerliche Musiktage (Hitzacker), *musiktage-hitzacker.de*

ENDE JUNI–SEPTEMBER

Musik in alten Heidekirchen (Egestorf und Undeloh), *musik-in-alten-heidekirchen.de*

AUGUST

Heideblütenfest (Amelinghausen) mit „Brennendem See", Wahl des Heidebocks und der Heidekönigin, Heidjerabend am Schafstall, Konzerten, Umzug und mehr, *heidebluetenfest.com*

★ **Heideblütenfest** (Schneverdingen) mit Party im Festzelt, Volkslauf, Lampionumzug mit Musik, Feuerwerk und Krönung der Heidekönigin, *heidebluetenfest.de* (Foto)

SEPTEMBER/OKTOBER

Kurparknächte (Bad Bevensen): geheimnisvoll illuminierte Szenerie mit Musik, Comedy, Traumtänzern und mehr, *bad-bevensen.de*

Hengstparade (Landgestüt Celle)

Lüneburger Sülfmeistertage: Wettspiele und großem Festumzug, *suelfmeistertage.de*

DEZEMBER

Weihnachtsmärkte (Celle und Lüneburg), *celle-tourismus.de, lueneburg.info*

GRÜN & FAIR REISEN

Du willst beim Reisen deine CO_2-Bilanz im Hinterkopf behalten? Dann kannst du deine Emissionen kompensieren *(atmosfair.de; myclimate.org)*, deine Route umweltgerecht planen *(routerank.com)* oder auf Natur und Kultur *(gate-tourismus.de)* achten. Mehr über ökologischen Tourismus erfährst du hier: *oete.de* (europaweit); *germanwatch.org* (weltweit).

riengebiets. Eine gute Website mit mehreren Suchfiltern ist z. B. *camping.info*. Wohnmobilstellplätze gibt es in fast jeder Gemeinde, sie können dort bei der jeweiligen Touristeninformation erfragt werden.

JUGENDHERBERGEN

Jugendherbergen findest du in der von diesem Reiseführer abgedeckten Region in folgenden Orten: Bispingen, Bad Fallingbostel, Hankensbüttel, Hitzacker, Lüneburg, Müden/Örtze, Rotenburg (Wümme), Uelzen, Verden/Aller und Wolfsburg. *jugendherberge.de*.

KINDERERMÄSSIGUNG

Nahezu alle Museen, Sehenswürdigkeiten, Bäder, Freizeitparks etc. bieten normalerweise für Kinder bis zu zwölf oder 14 Jahren eine Ermäßigung, meist 50 Prozent.

MUSEUMSEISENBAHNEN

Alte Lokomotiven sind auf mehreren stillgelegten Heide- und Elbestrecken unterwegs. Sie fahren allerdings nur an ein paar Tagen im Jahr. Für Gruppen können die meisten Bahnen aber jederzeit gechartert werden.

Ameisenbär: Ein historischer Triebwagen von 1937 fährt von Mitte Juli bis Anfang September jeden Sonntag von Soltau über Bispingen nach Döhle; Fahrräder werden mitgenommen. Auskunft: *Soltau-Touristik | Tel. 05191 82 82 82*

WAS KOSTET WIE VIEL?

Torte	um 3,70 Euro *für ein Stück Buchweizentorte*
Essen	um 22 Euro *für einen Heidschnuckenbraten*
Bier	um 3,50 Euro *für 0,3 l vom Fass*
E-Bike	ab 20 Euro *Miete für einen Tag*
Tretboot	um 12 Euro *Miete für eine Stunde*
Kutschfahrt	um 17 Euro *für eine zweistündige Fahrt rund um Schneverdingen*

Draisinenbahn Bleckede: Viersitzige Draisinen können für Fahrten von Alt-Garge nach Bleckede und zurück gemietet werden. Auskunft: *IG Draisine Bleckede | Tel. 0176 84 29 57 79 | ig-draisine-elbtalaue.de*

Heide-Express: An ausgewählten Tagen sind die historischen Züge auf verschiedenen Strecken unterwegs; meist werden auch Fahrräder befördert. Auskunft: *Tel. 04131 85 18 01 | heide-express.de*

ÖFFNUNGSZEITEN

Öffnungszeiten von Museen und Sehenswürdigkeiten können sich ebenso wie Eintrittspreise ändern. Wer extra anreist, um gezielt ein bestimmtes Museum oder ein Kloster zu besuchen, sollte deshalb die aktuellen Besuchsbedingungen auf der Website checken. Beim Restaurantbesuch ist auf der sicheren Seite, wer einen Tisch reserviert.

SCHIFFSFAHRTEN

Auf der Elbe und dem Elbe-Seitenkanal sind im Sommer mehrere Ausflugsschiffe unterwegs. Ausgangspunkte sind u. a. Bleckede, Celle, Dömitz, Lauenburg, Hitzacker, Neu Darchau, Scharnebeck und Schnackenburg.

URLAUB AUF DEM BAUERNHOF

Einen kostenlosen Katalog mit Bauernhöfen, die Gästezimmer oder Schlafplätze im Heu anbieten, erstellt alljährlich die Arbeitsgemeinschaft *Urlaub und Freizeit auf dem Lande Niedersachsen e. V. (Tel. 0441 3610600 | bauernhofurlaub.de, bauernhofferien.de)*. Zahlreiche weitere Bauernhöfe sind auf den Websites der Urlaubsorte zu finden.

Heide-Express: nostalgisches Bahnerlebnis – Blumen pflücken während der Fahrt verboten

WETTER IN SOLTAU

Hauptsaison: Aug., Sept.
Nebensaison: Jan.–Juli, Okt.–Dez.

	JAN.	FEB.	MÄRZ	APRIL	MAI	JUNI	JULI	AUG.	SEPT.	OKT.	NOV.	DEZ.
Tagestemperaturen	2°	3°	8°	13°	18°	21°	23°	22°	19°	13°	7°	4°
Nachttemperaturen	-3°	-3°	-1°	3°	6°	9°	12°	12°	9°	5°	2°	-1°
Sonnenschein Stunden/Tag	1	2	3	5	6	8	6	6	5	3	1	1
Niederschlag Tage/Monat	13	10	9	11	10	10	13	12	10	11	12	12

URLAUBS FEELING

ZUM EINSTIMMEN & AUSKLINGEN

LESESTOFF & FILMFUTTER

BLUTHEIDE

So heißt der erste Band der Heidekrimis von Claudia Kröger und Kathrin Hanke, die seit 2013 mit viel Lokalkolorit auf Lüneburg und die Region einstimmen. Im vorerst letzten gemeinsamen Band „Heidefluch" spielen Giftfrösche im Biosupermarkt, Killerbienen und andere Plagen eine Rolle.

SCHÖNER MIST: MEIN LEBEN ALS LANDEI

Irmgard Hochreither berichtet in ihrem 2011 erschienenen Buch humorvoll über ihr Leben im Wendland und die Menschen dort.

TATORT

Manchmal verschlug es die leicht unterkühlte Kommissarin Charlotte Lindholm aus Hannover in die Lüneburger Heide. Seit 2019 ermittelt sie zwar in Göttingen, aber in der Mediathek kann man schon mal in alten Heide-Tatorten schwelgen.

ESCHEDE ZUG 884

Das Dokudrama von Raymond Ley aus dem Jahr 2008 über das ICE-Unglück bei Eschede 1998 wurde vom NDR produziert. In den Hauptrollen agieren Jockel Tschiersch und Hannah Schröder.

PLAYLIST QUERBEET

0:58

II TOP FOR TEA – ICH BIN EIN LÜNEBURGER
Das Lied wurde zur heimlichen Heimathymne und für so manches Lüneburger Unternehmen zur Telefonmusik in der Warteschleife

▶ NITE CLUB – IS THIS LOVE
Soul Vibes, bis die Heide wackelt: Wenn diese Lüneburger Band auf einem Fest in der Heide spielt, gibt es Soul, Funk und Pop vom Feinsten.

▶ HEIDEBOYS – WIR SIND DIE HEIDEBOYS
Drei junge Männer in weißen Anzügen und erikafarbenen Hemden besingen in bester Après-Ski-Manier ohne Anspruch auf sinnige Texte die Heide, das Lämmchen Theo und sich selbst

▶ ZUPFGEIGENHANSEL – ES DUNKELT SCHON IN DER HEIDE
Eigentlich ein Liebeslied aus dem 19. Jh., sehr romantisch und gar nicht soooo übel

Den Soundtrack zum Urlaub gibt's auf ***Spotify*** unter ***MARCO POLO Lüneburger Heide***

Oder Code mit Spotify-App scannen

AB INS NETZ

SHORT.TRAVEL/LUH13
Tolle Idee: Im „Naturzeit-Kalender" erfährst du, was wann in der Heide los ist: Naturwunder wie Schachblumenblüte und Laubfroschkonzert, Hirschbrunft oder die Balztänze der Kraniche kannst du so nicht versäumen.

HEIDE KOCHT
Bei diesen Videos auf Youtube oder lueneburger-heide.de kommst du auf den Geschmack: Hier wird in regionaltypischen Gasthöfen an den schönsten Orten der Heide gekocht. Die Rezepte zu Heidschnuckenschulter in Wacholderjus, Heidehonigdessert & Co. gibt es gleich dazu.

WENDLAND-NET.DE
Eine überaus lebendige Bloggerszene schreibt über wendländische Themen, aber auch über Gott und die Welt. Auch ein paar gute Videos sind hier zu sehen.

VIER HUFE FÜR EIN HEIDELUJAH
In mehreren Youtube-Episoden erlebst du die Heide aus den Augen des Kutschpferds Fred: in seinem Stall, im Kreis seiner tierischen Freunde – und bei der Wellness ...

TRAVEL PURSUIT

DAS MARCO POLO URLAUBSQUIZ

Weißt du, wie die Lüneburger Heide tickt? Teste hier dein Wissen über die kleinen Geheimnisse und Eigenheiten von Land und Leuten. Die Lösungen findest du in der Fußzeile. Und ganz ausführlich auf den S. 20–25.

❶ Was bezeichnet der Begriff „Plaggen"?
a) Einen Belag, der nach langen Regenzeiten auf Bienenzäunen entsteht
b) Das Entfernen von Baumtrieben zum Schutz und Erhalt der Heide
c) Den als Dünger sehr geschätzten Kot von Heidschnucken

❷ Was ist die Kulturelle Landpartie?
a) Ein Open-Air-Fest im Wendland
b) Ein literarisches Kolloquium am Wohnort des Dichters Arno Schmidt in Bargfeld
c) Ein bei der Heide-Touristik buchbares Pauschalpaket

❸ Wo stehen besonders viele restaurierte Fachwerkbauten?
a) In Celle
b) In den Rundlingsdörfern im Wendland
c) In Lüneburg

❹ Welche beim Land Niedersachsen angesiedelte Institution gibt es tatsächlich?
a) Das Storchenkataster
b) Das Heidschnuckenamt
c) Das Wolfsbüro

❺ Was ist ein Lüneburger Stülper?
a) Eine Spargelsorte
b) Ein bauchiges Bierglas
c) Ein Bienenkorb aus Weidengeflecht

Lösungen: 1b, 2a, 3a, 4c, 5c, 6c, 7b, 8c, 9b, 10b, 11b, 12a

Was für Prachtexemplare von Fachwerkhäusern (s. Frage 3)! Aber wo stehen sie?

❻ In welcher ARD-Soap wird Lüneburg romantisch in Szene gesetzt?

a) Sturm der Liebe
b) Im siebten Heidehimmel
c) Rote Rosen

❼ Wie viele Heidschnucken leben heute noch in der Heide?

a) Gut 1000
b) Etwa 9000
c) Knapp 20 000

❽ Was gibt es in Bad Bevensen nicht?

a) Eine Kartoffelkönigin
b) Eine Kartoffel des Monats
c) Ein Kartoffelhotel

❾ Der Boden in der Heide ist …

a)… besonders salzhaltig
b)… besonders sandig
c)… besonders feucht

❿ Was gibt es auf der Arche in Neuhaus an der Elbe?

a) Kletter- und Spielgeräte auf einem Schiff
b) Lachshühner und Warzenenten
c) Gottesdienste in der freien Natur

⓫ Wo kannst du die Hausinschrift „Herr, schütze mich und die hier hausen vor Planern und Kulturbanausen" lesen?

a) In Gorleben
b) In Lüneburg
c) In Wolfsburg

⓬ Warum sind viele Häuser in Lüneburg einsturzgefährdet?

a) Spätfolgen des Salzabbaus
b) Durch den Klimawandel immer häufigere Hochwasser der Ilmenau
c) Leichte Erdbeben infolge der Fracking-Probebohrungen in den 1990er-Jahren

REGISTER

LOB ODER KRITIK? WIR FREUEN UNS AUF DEINE NACHRICHT!

Trotz gründlicher Recherche schleichen sich manchmal Fehler ein. Wir hoffen, du hast Verständnis, dass der Verlag dafür keine Haftung übernehmen kann.

MARCO POLO Redaktion • MAIRDUMONT • Postfach 31 51
73751 Ostfildern • info@marcopolo.de

Impressum
Titelbild: Blühende Heidelandschaft am Wilseder Berg (Schapowalow: A. Armellin)
Fotos: DuMont Bildarchiv: G. Hänel (2/3, 33, 77, 78, 86, 89, 93, 94/95, 109, 110, 113, 118/119, 131, 133), M. Kirchner (75), J. Scheibner (10, 13, 55); G. Hartmann (40/41); O. Heinze (22, 56, 67); huber-images: A. Armellin (11), F. Carovillano (12, 26/27, 34/35, 134/135), G. Croppi (45), M. Mehlig (Klappe hinten); T. Krüger (71); S. Kuttig (16/17); Laif: Babovic (91), R. Brunner (24), E. Häberle (96), G. Hänel (29, 32/33, 37, 53, 61, 69), H. Meyer (104/105), G. Westrich (48); Look: A. Haug (50), K. Johaentges (101), L. Wernicke (82/83), H. & D. Zielske (81); mauritius images: T. Krüger (62/63), I. Wandmacher (Klappe vorne außen, Klappe vorne innen/1); mauritius images/Alamy: (58, 103), Kuttig (114/115); mauritius images/hemis.fr: R. Mattes (6); mauritius images/imagebroker: R. Herzog (127); picture-alliance/Arco Images: (28/29), D. Damschen (117); picture-alliance/dpa: P. Schulze (128/129); picture-alliance/Zoonar: K. May (8/9); Shutterstock: Agenturfotografin (99), pixel creator (14/15), R. Thill (136/137); I. Utecht (139); www.wolfcenter.de (21)

13., aktualisierte Auflage 2023

Autoren: Klaus Bötig, Ines Utecht; Redaktion: Nikolai Michaelis; Bildredaktion: Anja Schlatterer
Kartografie: © MAIRDUMONT, Ostfildern (S. 38–39, 120, 122, 124, 126, Umschlag außen, Faltkarte);
© MAIRDUMONT, Ostfildern, unter Verwendung von Kartendaten von OpenStreetMap, Lizenz CC-BY-SA 2.0 (S. 42–43, 47, 64–65, 72, 84–85, 106–107)
Gestaltung Cover, Umschlag und Faltkartencover: bilekjaeger_Kreativagentur mit Zukunftswerkstatt, Stuttgart
Gestaltung Innenlayout: Langenstein Communication GmbH, Ludwigsburg
Texte hintere Umschlagklappe: Lucia Rojas
Konzept Coverlines: Jutta Metzler, bessere-texte.de

Printed in China

MIX
Papier aus verantwortungsvollen Quellen
FSC® C124385

MARCO POLO AUTORIN

INES UTECHT

Als die Autorin einst von Berlin nach Lüneburg ging, war sie überzeugt, dort nur während des Studiums zu leben. Es kam anders und funkte – fortan machte sie hauptberuflich Urlaub und schrieb als Tourismusmanagerin über die schönsten Ecken in Stadt, Heide und über andere Reisethemen. Ihre Familie stöhnt über die Liste der Orte, die alle noch bereist werden sollen, kommt aber doch immer mit.

BLOSS NICHT!

FETTNÄPFCHEN UND REINFÄLLE VERMEIDEN

DIE WALDBRANDGEFAHR UNTERSCHÄTZEN

Von März bis Oktober ist es in der Heide oft sehr trocken, deswegen solltest du im Wald nicht rauchen und offene Feuer nur an ausgewiesenen Grillplätzen entfachen. Achte außerdem darauf, ein Auto mit Katalysator dann nur abgekühlt auf Wiesen und Rasenflächen zu parken.

BEI SCHLANGEN IN PANIK GERATEN

Kreuzottern und Schlingnattern kommen auf geschützten Heideflächen und in Mooren zwar vereinzelt vor, doch die Schlingnatter ist ungiftig und die Kreuzotter verkriecht sich tagsüber am liebsten in schattigen Verstecken.

IN DER ELBE BADEN

Die besser gewordene Wasserqualität der Elbe sollte nicht zum Schwimmen verleiten: Zwar gibt es hier und da kleine, idyllische Strandabschnitte und das Baden in Flüssen ist grundsätzlich nicht verboten, die Strömung ist jedoch sehr stark und zack wird man abgetrieben. Insbesondere Kinder sollten daher nur ein Fußbad nehmen.

HEIDESTRÄUSSE PFLÜCKEN

Ein kleines Heidesträußchen pflücken und als Andenken mit nach Hause nehmen? In Naturschutzgebieten darf die Heide überhaupt nicht gepflückt werden, außerhalb nur in Form eines kleinen Sträußchens. Am besten verzichtest du ganz darauf und kaufst lieber Topfpflanzen.

NATURSCHUTZREGELN IGNORIEREN

Alle Anstrengungen der Naturschützer sind vergeblich, wenn die Besucher sich nicht an Vorschriften halten. Ausgewiesene Wege dürfen nicht verlassen werden, Betretungsverbote sind zu beachten. Hundebesitzer sind besonders gefordert, denn schon Hundegebell kann Vögel bei der Brut gewaltig stören.

LÜN
EBUR
GER
HEIDE
WENDLAND
INSIDER-TIPP
Deine Abkürzung ins Erleben!
Reisen mit MARCO POLO
Insider-Tipps

MARCO POLO TOP-HIGHLIGHTS

OTTERZENTRUM HANKENSBÜTTEL ★1

Halbstündliche Fütterungszeiten garantieren, dass du Fischotter, Marder, Dachs, Hermelin & Co auch tatsächlich zu Gesicht bekommst.

➤ S. 80, Der Süden

WILSEDER BERG ★2

Norddeutschlands höchster „Berg" mit Fernblick bis nach Hamburg.

📷 *Tipp: Der perfekte Ort für ein 360-Grad-Panoramafoto!*

➤ S. 102, Der Westen

MÜDEN (ÖRTZE) ★3

Das schönste aller Heidedörfer mit mystischem Wacholderwald in der Nähe.

➤ S. 66, Der Süden

RATHAUS IN LÜNEBURG ★4

Eine Zeitreise durch 750 Jahre Geschichte, Hanse und Kunst in einem der ältesten Rathäuser im Norden.

📷 *Tipp: Geh rüber zu Galeria: Von dort kriegst du die gesamte barocke Rathausfront vor die Linse.*

➤ S. 46, Der Norden

INTERNATIONALES MÜHLENMUSEUM ★5

Tolles Ensemble am Stadtrand von Gifhorn: Mühlen aus aller Welt, eine märchenhafte russische Kirche und ein gigantisches russisches Kloster (Foto).

➤ S. 78, Der Süden